2019 年促进高校内涵发展定额经费项目
——运动训练与体能训练专业课程综合改革研究

王博　程硕　杜俊娟　著

体育科学研究方法学习指导与练习

中央民族大学出版社
China Minzu University Press

图书在版编目（CIP）数据

体育科学研究方法学习指导与练习 / 王博，程硕，杜俊娟著 . -- 北京：中央民族大学出版社，2019.11（2022. 3 重印）

ISBN 978-7-5660-1746-8

Ⅰ. ①体… Ⅱ. ①王… ②程… ③杜… Ⅲ. ①体育科学—研究方法—高等学校—教学参考资料 Ⅳ. ①G80-3

中国版本图书馆 CIP 数据核字（2019）第 223271 号

体育科学研究方法学习指导与练习

著　　者　王　博　程　硕　杜俊娟

责任编辑　于秋颖

责任校对　杜星宇

封面设计　舒刚卫

出版发行　中央民族大学出版社

北京市海淀区中关村南大街 27 号　　邮编：100081

电话：（010）68472815（发行部）　传真：（010）68933757（发行部）

（010）68932218（总编室）　（010）68932447（办公室）

经 销 者　全国各地新华书店

印 刷 厂　北京鑫宇图源印刷科技有限公司

开　　本　787 × 1092　1/16　　印张：12.75

字　　数　160 千字

版　　次　2019 年 11 月第 1 版　2022 年 3 月第 2 次印刷

书　　号　ISBN 978-7-5660-1746-8

定　　价　55.00 元

序

科学研究方法是体育专业学生学习的主干课程之一。方法是人类探索自然的利器，体育科学研究的现象如此广泛而多样，促使我们借鉴、探索、发展和使用了多种多样的研究方法，以便获得真实和可靠的实证材料。体育科学研究中所运用的研究设计与研究程序之多样、分析策略之精细，测量方法之创新，实在令人目不暇接。本书从体育科学研究的若干方面入手，总结了作者多年来对体育专业学生进行科学研究方法课程教学的经验，结合自己进行体育科学研究的案例，对体育科学研究中的方法创新与运用进行了系统梳理与阐述，从而帮助体育专业学生强化既有的研究技巧，并提供一些他们可能还不知道的窍门，以期对阅读本书的体育专业学生具有一定的参考价值，对学习体育科学研究的人们具有实际的指导意义。

然而，写一本良好的面向体育专业学生的科学研究方法学习指导与练习的书是很难的，除需要专业的体育知识之外，更重要的是，研究方法不是固定不变的，随着旧理论的扩展，新理论的构建，研究的深入和新问题的提出，研究方法也要不断更新，不断发展，与时俱进。

本书在撰写过程中，参阅了大量的国内外文献资料，在此，向各位专家与学者表示敬意和衷心的感谢。然而，由于作者的知识和研究经验所限，书中内容恐有若干错误和不当之处，敬请读者指教，以便修正。

最后，要特别感谢出版社的编辑，他们的严格要求与辛勤工作，使得本书得以出版。

作者

2019年5月

目　录

第一章　体育科学研究概论

体育教育现象多种多样，要了解这些现象，就必须寻找其本质，探索其规律，建构其理论，以达到描述、解释、预测和控制的目的。而理论的建立与检验所要依靠的是科学的研究方法。

本章介绍了什么是体育、体育科学、科学、科学理论、科学研究方法等概念性的问题。

一、体育与体育科学

（一）体育

体育是以各项运动为基本手段，以达到发展身体、增强体质、提高运动技术水平、丰富社会文化生活等目的的社会活动。

（二）体育科学

体育科学是在系统地、直接地搜集有关体育现象的经验材料的基础上，通过对资料的分析和综合来科学地阐明体育现存状况及发展规律的认识活动。

二、科学

科学是对各种事实和现象进行观察、分析、归纳（是以观察到的大量事实为依据而概括出社会现象的共性并得出理论结论）、演绎（是将一般理论或普遍法则应用到具体的现象中并说明和解释具体现象）、推理、计算和实验，从而发现规律，并对定量规律予以验证和公式化的知识体系。

从这个定义可以看出，科学是人们借助于科学研究的方法而获取的有关某些现象的知识。

判断一门学科是否是科学的，并不在于其研究的具体内容，而是要看它是否以科学的方法获取了有组织的知识。要做到科学，至少要保证有以下6点特征。

1. 实证性。所谓实证，就是指所收集的证据或数据是客观的。通过思辨得出而未经实证验证的观点是不为科学家所接受的。

2. 测量。要客观地收集数据，用无可辩驳的事实说话，就必须进行测量。有些科学学科，之所以被公认为是最科学的，就是因为它的测量十分精确。

3. 系统性。事实对科学来说是最基本的，但是光有事实，其本身是没有什么用处的，只不过是一堆杂乱无章、毫无意义的数字、图表或事件的表示和罗列。事实必须有含义，事实必须说明问题。因此，对科学来说重要的就是从事实中获取意义，从事实中寻找规律和原理，从而理解事实和产生新的事实。要做到这一点，就要把事实组织起来，形成逻辑上互相联系的命题体系，这就是科学理论的工作。

4. 可重复性。如果能一遍又一遍地重复观察到某一现象，那么就可以排除任何可能的疑虑，确信所观察到的事实或研究的结果。“核对能力”是科学的一个显著特征。

5. 明确性。一是定义的明确性，意思要简明，不能有歧义。二是操作方式（如实验程序）的明确性。即：能让他人准确地了解结果是通过什么样的操作程序得到的，以便他人能重复验证。

6. 科学的目的是增加理解、进行预测和实行控制。绝大多数科学工作都是为了影响周围的世界。

还有一个特征是，科学知识和科学方法是累积的、渐进的，而不是固定的、终极的。没有什么终极知识和绝对真理。科学家就是不断抛弃被证明为错误的旧知识，探索和积累新知识，从而推动科学不断前进、不断发展。所谓继承前人、不断创新就是这个意思。

例如：最近中山大学的颜光美教授研究小组火了，因为他们在《美国科学院院刊》上发表了一篇论文，阐述了一种20世纪60年代在海南岛发现的M1病毒，具有溶瘤的特性。M1在体外实验中能抑制癌细胞生长，而不影响正常细胞。媒体一时间大肆报道，认为中国找到了治疗癌症的新方法。还有病人亲自上门主动要求当临床实验的"小白鼠"。

真实的情况是：溶瘤是真实存在的，现在在美国有十多个公司的几十个临床实验在进行。颜教授团队的这篇论文从实验设计到数据到结论也是严谨的，合乎科学研究方法的。但是，M1病毒治疗癌症的数据目前看起来很弱，这种学术化研究离临床应用还非常遥远，类似这样的论文每年能有好几百篇，但能真正转化到临床的凤毛麟角，大家期望还真不能太高。

看整个事件有点像是一个"传话"的游戏。第一个（颜教授团队）说：M1溶瘤病毒在体外对"有某些基因缺陷"的癌细胞生长有抑制作用，对正常细胞生长影响较小，在"少数几种小鼠肿瘤模型"的体内实验中，能"减缓"肿瘤生长，对小鼠没有"太强"的毒性。

第二个（有些科学素养的媒体）说：中山大学发现天然病毒能有效杀死多种癌细胞，对正常细胞无毒副作用。

第三个（基本没有科学素养的媒体）说：中国科学家发现天然病毒能像长了眼睛一样准确找到肿瘤组织并将其杀死。

第N个（无名的群众）说：中国科学家发现天然抗癌病毒，人类将攻克癌症，有望冲击诺贝尔奖。

几次传话（转载）以后，意思已经完全变了，从一个严谨的科学研究课题，变成了一场闹剧。这远远超出了颜教授团队的想象。

其实，溶瘤病毒并不是特定的一种病毒，而是指一类倾向于感染肿瘤细胞，同时在癌细胞里面能够大量繁殖，最终让肿瘤细胞裂解、破碎、死亡的病毒。溶瘤病毒也会感染正常细胞，只是因为各种原因，它们对正常细胞的毒性要弱很多。

你看批判性阅读和思考多么重要，当然，必备科学的知识是其前提。

三、科学理论

（一）理论的定义

1. 理论是任何用来代表变量关系的法则。例如：体重指数的计算十分简单，知道身高和体重，按照公式“体重指数（BMI）=体重（千克）÷身高（米）^{2}”计算出体重指数，然后将其与同年龄同性别对应的“超重”值和“肥胖”值比较，就可以判断自己是否处于超重或肥胖状态了。

2. 理论是对实际事件做出预测的一组陈述。例如：缺乏身体活动有什么危害？通过研究，我们对缺乏身体活动带来的问题做出的预测有：导致肌肉力量差、心肺功能弱、容易疲劳、学习精力不够等问题的产生。

又如：健康与哪些因素有关，通过研究，我们对健康做出的预测是：100%的健康=15%的遗传+10%的社会环境+7%的自然环境+8%的医疗条件+60%的生活方式。

所以，缺乏身体活动已成为全球范围内导致死亡的第四危险因素，缺乏身体活动对全世界人群一般健康和慢性非传染性疾病的患病率有着重要的影响。而对健康起到60%作用的是良好生活方式的建立，大家是不是更应当积极地行动起来？

请查阅资料并回答：世界卫生组织的《维多利亚宣言》中倡导的良好生活方式是什么？

____

3. 理论是对客观事物的概括与抽象。例如：足球运动是最能体现“脚的伟大力量”的体育活动。

这个抽象的概括，理解起来可能有些困难，那么，请阅读下面的文章。

足球运动与脚的伟大力量

射门进球的都有什么运动？有冰球、橄榄球、曲棍球、水球等。这些运动都是众多的球员围绕着一个球门进攻，并想办法将球射进去。但是球的载体可是不一样的，橄榄球是手脚并用；水球是用手来运球、传球、射门；冰球、曲棍球都是借助器械来完成射门的。但是，足球是所有球类运动中唯一使用双脚来完成的运动，也就是说足球是唯一用脚的运动，是用脚射门的运动。

脚意味着什么？脚是人体最下部的部位，是人身上最承重的肢体，双脚的功能是行走、奔跑、前进。现代医学研究证明，脚是人的第二大脑，脚部穴位连接着人体的每一个部位，脚的健康便是人的健康。在远古时代人的双脚本来和双手一般灵活，在从猿到人的漫长进化过程中，手脚有了分工，完成了人类进化的一次里程碑式的革命。手脚分工的结果是手越来越精细小巧，而脚的作用在有了汽车之后遭遇贬值。在电脑时代，操作电脑对手的要求更高了，手与脚的距离又一次被拉大。这是社会的进步，但对于人自身的发展却是一个退步。人们应当更多地使用双脚，在以车代步的时代，必须通过游戏和竞技来补充。因为，足球运动中，脚代替手"进行思维"，脚传递给大脑信息和思想，"脚在产生着情绪、思想和智慧"。在足球活动中，脚部的神经异常活跃，它表现出的倒挂金钩、凌空怒射、横扫铲射，其实都不过是远古猿类最简单的维护生存本能的日常动作而已，而今天的观众则为之惊叹、称赞、歌颂，正说明人的双脚已退化到了何种地步。

手意味着文明、知识、理性和智慧，手指操纵着选票、股票、核按钮；脚意味着力量、野性和本能，在田径场上、足球比赛中都能看到它的英姿。足球场是所有体育比赛中最大的球场，足球的观众也是所有体育比赛中最多的观众，因为足球体现着脚的伟大力量，证明了"未开发的脚潜藏着人生命的巨大原动力"。

大家同意上述理论观点吗？如果不同意，请阐述你的理论观点。

从上述阐述可以为理论下一个定义，即：理论是有关某个现象或一类现象的已知事实组织而成的互相联系的假设或命题。理论是一种逻辑构思模式或互相联系的符号概念模式。

理论与实践的关系是：不管什么种类、什么性质、什么内容的理论，一个好的理论的显著特点就是，它具有有效应用于实际的潜能以及应用后被证明是有用的能力。

（二）理论的功能

1. 组织经验。理论是组织经验的方便方法。将事实积累、整合，形成一定的次序和组织框架，这就是初步的理论。有了理论框架，就意味着能统合现有知识，以有意义的方式处理知识，使这些知识简约化、系统化、条理化。否则，知识将是杂乱的，且多半是无用的。

2. 解释事实。解释是推论已知的事实和关系，使我们能超越实际资料，看到其含义和关系。

3. 预测未来。预测是推论未知的事实和关系，即从已有的知识推出尚未观察到的事实和关系。当进行预测时，人们所依据的理论便要受到考验。

4. 指导研究。理论所提供的超越实际资料的真知灼见，可以启发和指导未来的研究。

四、科学研究方法

科学研究在追求知识或解决问题时，所用的科学方法常常由下列4个步骤组成。

（一）建立假设

所谓假设是对有待解答的问题提出的尝试性答案。假设的产生有多种来源，如：现有的理论和研究结果；日常生活中观察、搜集到的材料及由此产生的猜想；前人研究之中的模糊之处、矛盾之处和尚未解决的问题等。

（二）搜集资料

为了检验所设立的假设是否成立，必须有实证性的资料作为证据，为了有效地、有针对性地搜集资料，必须审慎地进行研究设计。研究设计的目的是创造恰当的条件，让所要研究的现象得以出现或产生一定程度的变化，然后加以严格和科学的测量。在这个过程中，还要对无关变量进行控制。

（三）分析资料

海量的实际资料杂乱无章地堆砌在一起，根本说明不了什么问题，也不能检验假设。为此，我们需要对资料进行整理，加以系统化和简约化，这时就要用到各种数理统计方法。运用统计方法，可以了解所搜集资料的分布情况，也可以了解变量与变量之间的关系，以及这些关系的紧密程度。经过统计分析，可以证明假设是否成立以及问题该如何解决，以便得到恰当的结论。

（四）得出结论

科学的结论必然基于充分的实际证据。因此，必须以切实的证据支持这个结论。虽然，由于客观现象的复杂性与多变性，它们彼此交织在一起，形成错综复杂的关系，但是经过仔细设计的研究，加上运用恰当的方法处理资料，排除一些无关变量的干扰，就可以使主要变量之间的关系清晰起来，明确起来，从而验证所提出的假设，得出科学的结论。如果结论反复考察和检验都是成立的，那么说明它可以概化，再经过仔细的构思，便可形成初步的理论框架。

最后，来给体育科学研究下一个定义。体育科学研究是在系统地、直接地搜集有关体育现象的经验材料的基础上，通过对资料的分析和综合科学地阐明体育的现存状况及发展规律的认识活动。

第二章　研究目的、研究问题与研究假设

一、研究目的

研究目的有两大类。一类是以应用为目的或以实用为目的，是应用已经发现的科学规律和科学原理解决现实存在的实际问题。一类是以追求知识为目的，用来探求事物的规律，寻求事物发展的机理，构建科学理论或验证科学理论。

这两类研究分别称为应用研究和理论研究，或实用研究和基础研究。实际上，应用研究和理论研究有时不能截然分开，它们的区别，只是在侧重点和取材上。

例如：从下面研究的问题中，认真分析一下应用研究和理论研究的区别是什么。

（1）体育传统学校体育师资特色培训新体系模式

（2）透视体育教师教学能力缺失现象

（3）探究学习基本步骤与问题类型研究

（4）合作学习略论

（5）自主学习管见

（6）农村体育教师培训新探索

（7）国家学生体质健康标准测试中的小经验大亮点

（8）“十三五”时期我国体育发展转型和改革研究

（9）体育对接健康中国建设的战略研究

（10）“创新、协调、绿色、开放、共享”五个发展理念与体育改革研究

（11）我国体育治理的现实问题与理论创新

（12）依法治国战略下我国体育法制及《体育法》的修改研究

（13）互联网时代体育发展的新趋势

（14）我国职业体育发展研究

（15）冬季运动项目发展战略研究

请回答，上述15个研究课题中，哪些是应用研究？哪些是理论研究？

____

二、研究问题

（一）明确提出研究问题

找不到切入点？找不到要研究的问题？找不到值得研究的问题？我们是不是也正在受这些问题的煎熬？所以，明确提出一个研究问题是十分重要的。

问题的提出是科学研究的第一步。在《现代汉语词典》（第7版）中，“问题”一词具有五层含义：

1. 要求回答或解释的题目，英文词是question。

2. 须要研究讨论并加以解决的矛盾、疑难，英文词是problem。

3. 关键、重要之点，英文词是issue。

4. 事故或麻烦，令人费解、难办的情况，英文词是puzzle。

5. 属性词。有问题的；非正常的；不符合要求的，英文词是problematic。

具有问题意识，是人们对于问题的自觉，即自觉地发现、分析、解决问题的思维状态。能明确提出研究问题有两个好处。

一是研究问题指明了研究方向。有了研究方向，接下来便可以考虑研究方法、步骤和工具。

例如：专业化研究是各国职业研究中学者们共同关心的一个国际性研究课题。早在17世纪到19世纪的欧洲，专业就已经成为一种社会现象。19世纪以后，西方掀起了专业研究热潮以及职业专业化的潮流，社会对任何职业的认可程度与该职业的自身专业化程度是成正比的。随着20世纪世界竞技体育的蓬勃发展，体育教练员职业也进入了专业化进程之中，体育教练员职业正式成为一门专业性的职业。如今，研究如何有效促进体育教练员的专业化发展，培养素质精良的体育教练员，具有非常重要的意义。为此，我们选择了“体育教练员专业标准理论的思考与研究”这样的课题进行研究（这就是研究问题）。

为了了解体育教练员专业发展的现状，我们根据教练员专业化的6个标准制订了《体育教练员专业化发展》问卷，2008年12月我们对北京市18个区县的体育运动学校的300名教练员（项目包括篮球、排球、足球、体操、射箭、跆拳道、拳击、皮划艇、游泳、击剑、羽毛球、柔道、武术、网球、乒乓球、举重、摔跤、手球、赛艇、帆船等21个专业项目，教练员都是来自国家队、省、市优秀的退役运动员和体育学院的大学生）进行了《体育教练员专业化发展》问卷调查。共发放问卷300份，回收问卷

280份，回收率为93%。其中男教练员231人，女教练员49人。执训时间为1—3年的占12.3%；4—10年的占32.6%；11—20年的占46.5%；21—40年的占8.6%。为确保问卷的有效性，将问卷呈送给8位体育人文社会学科的教授、副教授，对问卷内容进行效度评价，3人认为问卷内容效度很合适，5人认为比较合适。在第一次调查后10天，又选取30人进行了问卷再测，进行再测信度检验，在回收的问卷中，同一问题回答的前后一致率为82.3%，显示问卷信度、效度较高（这就是研究方法）。

从上述叙述中可以清楚地看到，在有了研究方向后，接下来才会考虑运用什么研究方法、研究步骤和研究工具的问题。

二是研究问题确定了研究内容。

例如：对于上述体育教练员专业化发展研究的问题，它应当有的研究内容有：

（1）体育教练员专业标准的理论研究与分析；

（2）教练员专业知识的现状；

（3）教练员体育运动认知等能力的现状；

（4）教练员专业培训的现状；

（5）教练员专业自主现状；

（6）教练员参加学术组织的现状等。

（二）研究问题的来源

研究的问题，常常由于研究目的的不同，有很大的差别。在理论研究中，问题来源于以下两个方面。

1. 科学文献或研究论文中所阐述的学说、观点或假设。例如：手机辐射和咖啡是否会对人类学习、记忆能力产生影响，是人们很关心的问题。但在科学文献中，只有假设，并无研究与定论。于是，2015年在南开大学学校“国家大学生创新性实验计划”项目的支持下，在南开大学生命科学学院张涛教授（研究领域是与神经相关的生物信息学）的具体指导下，南开大学四年级本科生刘睿等研究小组对手机辐射和咖啡是否影响学习记忆能力展开了研究。

他们对小鼠的实验证明："长周期1小时手机辐射会通过干扰脑部固有的微弱电磁场，对幼鼠空间学习记忆能力产生一定的损害。电生理测试数据显示，极端个案中存在长时间手机辐射导致学习记忆能力大幅下降的情况。而0.5小时辐射组对幼鼠学习记忆能力未产生稳定性损害。"结果表明，长时间接听电话会造成幼鼠学习记忆能力不同程度的下降。

课题组采用同样的思路，测试了咖啡对幼鼠学习记忆能力的影响，结果表明，过量饮用咖啡同样也会造成幼鼠学习记忆能力不同程度的下降。同时，饮用咖啡后的幼鼠明显表现出"狂躁""易冒险"等异常行为。

这个课题就是来源于科学文献所阐述的假设，并对其进行了研究，完成了论证的课题。

2. 对前人研究所提出的理论观点的质疑。例如：日本大阪市立大学教授稻叶雅章研究小组在美国《科学公共图书馆综合卷》上报告说，他们通过脑电图仪检测，证实糖尿病患者的血糖控制情况恶化，血糖值上升后，睡眠质量也会随之降低。

他们还注意到，日本许多II型糖尿病患者都并发睡眠障碍，失眠率是健康人群的约2倍。为弄清血糖水平与睡眠障碍的直接关系，研究小组对63名II型糖尿病患者进行了研究。研究证实血糖与睡眠质量确实存在着某种直接的关系，但目前为止还未弄清其详细的机制，但治疗睡眠障碍确实改善了血糖值。原因也可能是睡眠质量降低会使人体的交感神经活跃起来，可能会造成人在夜间和凌晨血压的上升，这样看来，治疗睡眠障碍可能还对预防高血压导致的脑卒中和心肌梗死等疾病有一定的帮助。

注意，这个研究是证实，说明以前有人提出了这样的研究理论或研究观点等，他们有疑问，所以，做了进一步的研究。

3. 由于缺乏前人研究，想对某一现象进行探索性研究，从而创建初步的理论框架。例如：1928年9月3日，在伦敦大学讲授细菌学的弗莱明度假返回实验室之后，发现培养葡萄球菌的器皿有个角落长了一片青霉菌，这种情况表明培养基被污染了。通常这被认为是实验中的小小失败，重新进行实验即可。但弗莱明发现，在青霉菌周围，培养基清澈明净，而正常的葡萄球菌的繁殖期应该呈现出金黄色。他感到很奇怪：这是怎么回事呢？他进一步提出疑问：是不是青霉菌具有某种杀菌作用，将周围的葡萄球菌杀死了？带着这个问题，弗莱明进入了新的研究，研究结果发表在1929年的英国《实验病理学》期刊上。1945年弗莱明由于发现了青霉素，获得了诺贝尔生理学或医学奖。

你看，在缺乏前人研究的情况下，弗莱明对青霉菌进行了探索性的研究，从而发现了青霉素，造福了全世界的人民。

在应用研究中，问题来源于以下两个方面。

1. 社会中的实际问题。例如：一名中学体育老师，上大学时的专项是田径，对田径项目的研究问题有一定的了解和认识。当他毕业后在中学教授学生田径运动时，发现传统的田径运动已经不受学生欢迎了，怎么才能把这一传统运动保持、继承和发展下去呢？该老师通过查阅资料，得知国际田联正在推广一项趣味田径运动，其目的就是发展田径运动，这和他的思路不谋而合，一个新的研究课题就产生了，即：中小学实施趣味田径运动教学的实践性研究。

2. 对将来的预测。例如：我国竞技体育后备人才培养模式的整体构建研究指出，未来构建从家庭出发，以大中小学为主体，以家庭、学校、企业、国家为发起者的单个或多个主体合作的多元化的竞技体育后备人才培养模式是一个趋势。

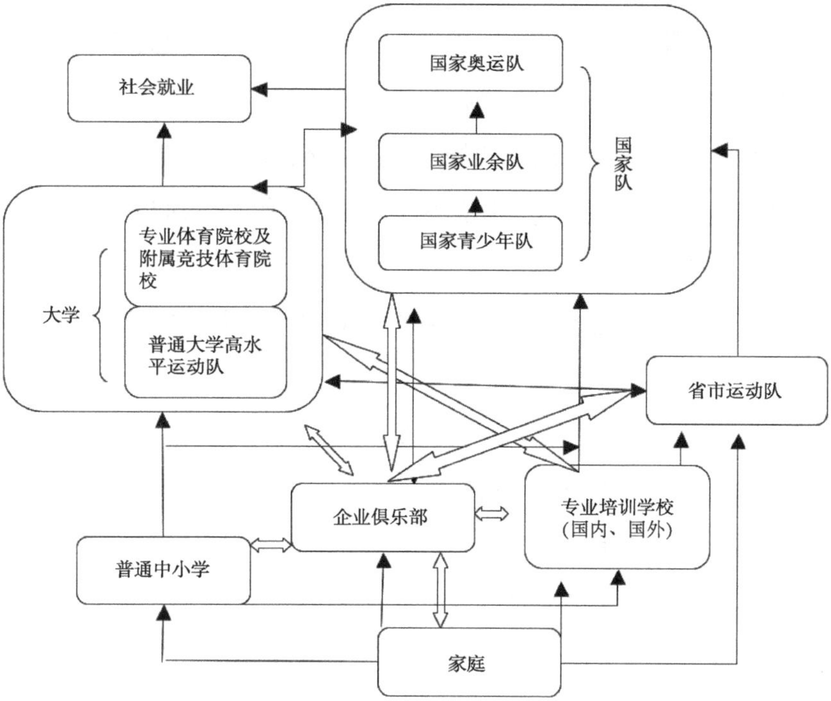

图 2–1 竞技体育后备人才培养模式的整体构建

如图2–1所示，立足企业俱乐部的场地资源优势，利用大中小学受众多的优势和科研优势，吸取竞技体育专业培训机构的教育资源，形成家庭、学校、企业俱乐部和国家各有侧重点的多元化竞技体育培养模式的基本路径为：以学校培养模式为主要通道，在正常接受义务教育的群体中以体育课等形式开展竞技体育运动，挑选有潜质的学生参加竞技体育业余训练；初中学段结束后可以选择正常升学继续参加竞技体育业余训练，加入省市竞技体育专业队或专业的培训学校；高中毕业后，一部分直接进入国家培养模式中的竞技体育省市运动队，一部分进入竞技体育职业俱乐部成为职业运动员，绝大部分则进入高校；运动员也可以在大学毕业后，再次选择成为国家竞技体育运动员或成为竞技体育职业俱乐部的运动员；同时，运动员在竞技体育成绩不佳或退役以后，若有一定的文化基础，也可进入高等学校学习，完成学业后再就业。

企业俱乐部以它特有的体育场地和经济条件的资源优势，与学校、家庭、专业培训学校和国家培养形成不同形式的合作，达到互利共赢。

下面，请回答下述20个研究问题分别是理论研究和应用研究的哪些方面的问题。

（1）科学发展观指导下的体育发展方式

（2）当代中国体育社会功能演进

（3）体育与社会保障关系

（4）体育文化与体育强国

（5）体育公共服务现状及对策

（6）以人为本的体育理念

（7）体育学学科建设亟须解决的理论与实践问题

（8）有区域特色的体育发展战略

（9）促进体育产业健康发展政策

（10）竞技体育管办分离问题

（11）体育资源科学配置问题

（12）运动员培养体制机制

（13）体育服务性消费

（14）体育赛场秩序与社会和谐

（15）体育道德建设

（16）体育设施建设和布局的经济学分析

（17）体育竞赛中违规行为及对策

（18）我国民族传统体育的发展困境和出路

（19）学校体育课程改革

（20）我国青少年的体育取向

（三）研究问题选择的“三性”

科学家们在开始一项研究之前，要问三个问题：我要研究什么？我怎样形成待检验的假设？我研究的问题是一个好问题吗？

选择一个好问题至少应考虑以下“三性”。

1. 重要性。研究的问题要有科学意义和价值。

例如：1953年英国科学家沃森和克里克建立了DNA分子双螺旋结构模型，并在英国《自然》杂志发表，同时还发表了维尔金斯和富兰克林分别署名的两篇实验报告。DNA双螺旋结构的提出，使沃森、克里克和维尔金斯获得了1962年诺贝尔生理学或医学奖。DNA双螺旋结构的提出，促使了“分子生物学”这一新学科的诞生。

其后的50多年里，分子遗传学、分子免疫学、细胞生物学的出现将生命的奥秘从分子角度进行了更清晰的阐明。DNA重组技术为生物工程手段的研究和应用开辟了广阔前景。用人工的方法将生物体内的DNA分离出来，重新组合，再放回生物体内，创造新的品种，成为现在最活跃的研究领域。我国杂交水稻育种专家袁隆平的杂交水稻，还有抗棉铃虫棉花、克隆技术，都是DNA重组的产物。

2. 可能性。研究的问题要有可行性，要了解自己的知识、研究的经验、时间的限制等；研究问题的范围要适中，切忌太大、地域太广、时间太长、变量太多、关系复杂。

例如：1953年建立DNA分子双螺旋结构模型的英国科学家沃森是动物学博士，克里克是物理学出身，后改学了生物学。还有前文讲到的南开大学四年级本科生刘睿等研究小组对手机辐射和咖啡是否影响学习记忆能力的研究，指导教师张涛教授的研究领域就是与神经相关的生物信息学。

3. 现实性。研究的问题要有应用价值，要能够满足社会的需要。

例如：结晶牛胰岛素的人工合成，使人工合成蛋白质成为人工改造生命的重要里程碑。

（四）选一个好的研究问题

选择好的研究问题以及设计好的研究问题，也就是通常说的好的选题。好选题的硬性标准是可以发表，并在好的期刊上发表。好选题有两个特征，即有价值并且有意思。

什么是有价值？一个是顶天立地，一个是承前启后。

顶天立地讲的是实践价值，承前启后讲的是理论价值。“顶天”是指研究要与社会发展重要基础理论或国家的重大战略需求相合。“立地”是指所做的研究要植根于实践，能解决实际一个小环境里的具体需求。有一群听众，所做的研究对他们的实践有所启发，听众越多，价值就越大。也就是说有一项研究影响了5个人，有没有价值？有，但价值没那么大，因为“土壤”太小，我们希望“土壤”越大越好，也就是平常讲的研究听众越多越好，你是有一个假想的服务对象的。

承前启后讲的是理论意义。不要求理论创新，但至少选题里要看到对前面文献的继承在哪儿，理论是从哪儿来的，这个要非常清楚。承得了前意味着这个研究有同行关注。启后意味着这个选题与其他研究的区别。区别越大，选题越重要。 如果一篇文章在理论上能起到这个作用，那么发现也好，理论构建也好，都能使后面的文章必须基于这篇文章做发现和讨论，那这个选题就足够成功了。

还有个很重要的维度是有趣。要做到“心之所属，童叟无欺”。首先，有一个必要条件是研究人员自己要觉得有兴趣，换句话说很有可能你的文章别人真的不感兴趣，如果你也不感兴趣，那这个研究也太惨了。所以，你至少要觉得你的选题是个你喜欢的存在，是个美好的存在，你要说服自己。在这个基础上，回去和你同学聊一聊你的研究，他觉得能听进去，有点意思，这就是个好选题。不要故弄玄虚，把命题搞得特别玄乎。但凡一个研究问题不能用最浅显的语言说清楚的时候就不是一个有趣的选题。

创新都是从“山寨”来的，别看不起“山寨”,“山寨”在创新经济学中被定义为“local innovation”。“山寨”至少有四个套路：换背景、换理论、换方法和换数据。

换背景，换背景好比草船借箭，一方面你借来的箭是完整的，转手就可以直接用了，另外你是个草船，比较粗糙。换理论，换理论好比“拿来主义”，要高级一点，这里面体现了我们如何看待实证和理论的关系。我们对理论的看法就是“拿来主义”，至少在一定的职业生涯阶段是不能创造理论的。拿来主义就比草船借箭要高级一点，至少要有“拿”的能力，“拿”来了还要能用。换方法，换方法好比移花接木，也比草船借箭难度要高。新的方法移到这个地方要能“活”，研究者要具有“栽培”能力才行。例如别人用了一个一般线性回归，我可以来个工具变量。换数据，或者换原始数据，或者提升数据加工技术。就像做饭一样，你要么有更好的手艺，要么有更好的食材，这往往是年轻的研究者较容易突破的点。

（五）小课题研究

1. 小课题研究的界定。小课题研究就是自己确立并独立承担的研究，研究的主要内容就是解决体育实践中面临的各种问题。一般来说，小课题研究的问题更切实具体，可行性和可操作性都很强，虽然“小”，但常常也能“以小见大”，所以，我们鼓励开展小课题研究。在进行小课题研究的初始阶段，面临最多的难题就是：找不到研究的切入点，找不到要研究的问题，找不到值得研究的问题。

小课题研究当然是从问题意识开始。问题意识是对于问题的自觉，是一种自觉发现、分析、解决问题的思维状态，我们应当具有对教育生活与教学工作中出现的问题进行思考的习惯。其实，小课题研究大多都来自日常工作与生活，可以把日常工作与生活中要解决的问题作为起点，培养对体育科学研究的感悟，提高对经验的洞察力。

2. 小课题研究的“好问题”。在开始小课题研究之前，要搞清三个问题：要研究什么？怎样形成待检验的假设？研究的问题是一个好问题吗？那么，要选择一个好问题，至少要考虑两个问题，即重要性和可能性。

（1）重要性。并不是所有小课题都值得花时间去研究的，我们要研究的是那些“真问题”，对于“真问题”的判断，一个最简单的标准就是，不解决这个问题，对体育工作将会有很大的影响，所以，只有那些对体育工作有帮助的、现实的、棘手的、有价值的小专题研究，才值得我们“想做”和“必须做”。

（2）可能性。小课题研究，研究的问题要有可行性，即“这个问题我能解决吗”，也就是“我能做吗”。一般来说，要根据自己的知识、研究的经验、时间的限制等条件选择那些能够促进体育工作改变，能够提高体育工作效益的小课题进行研究。小课题研究，之所以“小”，就是要求研究的问题范围要适中，避免问题太大、地域太广、时间太长、变量太多、关系过于复杂。

例如，在中小学体育工作中，存在一个普遍的问题，就是在学校体育课内容的选择中，体育教师都倾向于选择那些时间短、强度低、难度小、风险低、目标更容易达成的体育内容，即使在体育教学中也会不同程度地降低体育教学的强度与难度，避开虽然学习价值大，但风险也大的体育教学内容，如器械体操的内容，这是为什么呢？为此，我们进行了一个小专题的研究。

研究目的：通过观察一节体操课的教学，分析学生在体育老师的保护与帮助下，完成2次单杠蹬地翻身上动作这一练习时，体育教师在这节体操教学课中的身体负荷量。

研究观察对象：一所中学初一（1）班全体学生。

教学方法1：体育教师帮助每个学生让其单脚踏板用以借力做练习1次。

教学方法2：体育教师帮助每个学生让其做蹬踏地面练习1次。

教学要求：这节体育课体育教师要保证全班每个学生做此项练习必须达到2次。体育教师单独对每个学生进行托起身体重心并翻上单杠的保护与帮助。

学生基本情况：全班学生34人，其中男生17名，女生17名，经实验前的前测显示，全班34名学生均不能独立完成单杠蹬地翻身上动作。

体育教师：男性，身高1.83米，体重95公斤，卧推力量95公斤，下蹲力量100公斤，仰卧起坐推起力量30公斤。

运用公式：体重指数=体重/身高的平方，计算男女生的体重指数。

表 2–1 学生身高、体重一览表（N=34）

学生	平均身高（米）	平均体重（公斤）	最小体重指数	最大体重指数	平均体重指数
男	1.67	59.0	18	31	21
女	1.59	47.5	14	24	19

如果按照男女生平均体重53.3公斤来算，这节课每个学生做2次单杠单腿蹬地翻身上的练习，在学生蹬摆腿使髋关节不超过以肩关节为水平面而忽略其自身蹬、拉力量的情况下，体育教师这次课累计抬翻了3624公斤的学生重量，这个重量对于进行这节体育教学的男教师而言，已是气喘吁吁、汗流浃背和竭尽全力了。那么，对于不具备上述条件的男教师或女教师来说，进行此项教学，恐怕体力上更加勉为其难。在这种情况下，体育教师可能会有两种选择，一是改变这个教学内容，使改变后的教学内容与上述规定的教学内容相类似；二是放弃教授此项内容。通过在现场对观看研究的20名体育教师的访谈，选择后者的体育教师占了绝大多数，原因很简单，为了节省体力并保障学生练习的安全。

我们都清楚，出现后一种选择是不恰当的。实际上，在其他体育教学内容上，体育教师也同样面临类似的选择难题。那么，怎么解决这个问题？引导体育教师正确开发或创造这个教学内容的“替代品”就很有必要了。“替代品”可以是不同负重量下的活动、不同时间的活动、不同远度和高度下的活动及不同速度下的活动等，还可以是“完全替代品”，即既具有创造性又具有相同功效而完全形异的体育教学内容。所以，在如此重负的体育教学工作中，学校领导和其他学科教师对体育教师工作的理解、关怀与体恤就尤为重要了①。

3. 小课题研究的课题名称精准表述。当确定了小课题研究的选题以后，如何准确地通过课题名称表述选题呢？下面来看看这个案例。

问题一：A小学是一所建在半山腰的山区农村小学，学校的体育活动场地很小，人均体育活动使用面积不足1平方米，学生最喜欢的体育活动项目是篮球，可是，学校只有一个标准的篮球场，通常一个班的学生在一个学期的体育课教学中，篮球教学只能轮2—3次，课外体育活动时，篮球场上常常人满为患，也带来很大的安全隐患。

解决问题的办法：标准的篮球场地长28米，宽15米，面积420平方米，那么，对于小学生来说，需要这么大的场地吗？由于山区小学体育活动场地有限，经济条件也一般，乡镇村级小学能不能将1块标准的篮球场改建成3块长为15米，宽为10米，面积为150平方米的小篮球场，以满足更多班级的学生开展篮球教学与比赛活动的需要呢？

效果：目前，A小学所在的县，各乡镇33所中心小学都建有2—3个小篮球场，加上村小一级的学校，全县共建有小篮球场地100多块，基本满足了全县三分之二的小学生开展篮球活动的需要。

问题二：当A小学只有1块标准篮球场时，篮球投篮的篮筐也是标准的305厘米高，在篮球教学和篮球比赛中，对于小学生来说，个子小力量也小，投中305厘米高的篮筐也着实不易，常常是10投7不中或8不中，这样的篮球教学和比赛，使大多数小学生备受挫折。

解决问题的办法：A小学的体育教师对这个小学600名11—13岁小学生的身高进行了测量，统计分析后得出这个年龄段学生的平均身高在135厘米左右，依据美国NBA球员平均身高200厘米与标准篮筐305厘米高度

① 程硕，邱丽玲.助推中小学体育教师专业发展的小专题研究[J].体育教学，2018（7）：36—37.

的比例，设定了适合身高135厘米小学生的篮筐高度为205厘米左右。于是，这种低篮筐降低了小学生在篮球教学和比赛中投篮进球的难度，也创造了能力强的小学生跳起来“摘桃子”的条件，小学生也能实现模仿国际球星网上扣篮的梦想，极大地增强了小学生参与篮球教学和比赛的乐趣与成就感。

问题三：当A小学篮球小场地、低篮筐教学和比赛实施起来后，体育教师发现，越来越多的小学生喜欢篮球教学和比赛了，他们的篮球技术和水平也越来越高了。为了激励有篮球运动能力的小学生更好地展示和表现自己，体育教师对篮球投篮进球的得分规则进行了改变，制定了投篮得2分，但扣篮得3分的规则，以激励小学生通过扣篮得更多的分，于是篮球场上出现了更多的“网上飞人”，篮球比赛更激烈也更好看了。

效果：由于篮筐低，小学生也能模仿NBA球星扣篮打比赛，所以小学生参与篮球的热情更高了，使这个县小学生的篮球训练和竞赛活动得到了极大的促进。特别是每年一次的全县小学生低篮筐、小场地、新规则的篮球联赛活动，2017年就吸引了48支男女球队的参与，有500名左右的小学生参赛。比赛期间，赛场就如过节一般，围观的师生和村民及学生家长里三层外三层，兴趣盎然，热闹非凡。更可喜的是连续多年的篮球教学、训练和竞赛活动，辐射了全县16所乡镇小学，培养了3000多名男女小学生篮球球员，不仅小球星辈出，而且这一批批篮球小球员在升入中学后都成了各中学篮球、足球、田径等运动项目的后备军。

于是，做这个研究的体育教师把这个小专题研究的题目定为了“小学生低篮筐、小场地篮球运动变革研究”。大家看，这样的小专题研究是不是很简明、具体、清晰、准确和可行呢？

4. 小课题研究易犯的错误。

（1）研究主题过大或过小。

例如：“通过学习 …… 技术提升学生 …… 能力的研究”，其中对于研究对象没有明确的限制，“学生”应具有明确的年龄界限或学段要求，否则容易导致研究样本过大，研究结论的有效性值得商榷；而“利用微课提升小学中年级学生体育健康知识记忆的研究 —— 以三年级 …… 为例，”明显针对的主题范围又太过狭窄。“小课题研究”中的“小”并非指微小，而是指研究主体、研究主题、研究内容相比宏观研究要小，但是这种类型的研究也要具有一般研究的特性，即通过本研究可以为其他类似的研究提供借鉴和指导。上述研究主题仅仅是针对某个小的单元主题而设计，由于课程单元内容不会出现重复，因此该研究几乎没有推广借鉴价值，也就失去了研究的意义。

（2）课题名称表述缺少应有的学术规范。

课题名称表述时，研究方法可以省略，但“研究对象”“研究问题”和“研究”不能省略，尤其是“研究”二字不能省略。

问题一，部分课题缺少研究对象。

例如：“计算机辅助篮球战术教学的研究”就没有明确的研究对象。

问题二，部分课题名称缺少“研究”二字。

例如：“小学体育中足球运动校本课程的构建”“武术特色课程的开发与应用”“利用微信平台指导小学生家庭课外体育锻炼作业”就缺少“研究”二字。

问题三，部分课题名称使用“通俗语”或具有特定范围指称的“缩略语”，缺少学术性。

例如：“小学阶段提高‘体育补差生’的方法与策略研究”，关于何为“补差生”并没有统一的解释和界定，只是局部约定俗成的表示和通用说法，缺少普适性。

三、研究假设

（一）研究假设的概念

绝大部分科学研究都是讨论两个或多个变量之间的关系。但是在研究之前，变量之间的关系是不清楚的，或可能是模糊的预测。因此，就要求研究者要在研究之前提出变量之间的可能关系，即研究假设。

研究问题和研究假设是什么关系?

研究假设是对研究问题的尝试性回答，因此，研究假设包含了研究问题。但研究问题不一定包含研究假设。研究假设通常回答“如何”和“为什么”这样的问题，特别是相关变量是如何联系的问题。

（二）研究假设的功能

1. 指导研究。

2. 演绎推理。

3. 检验理论。

（三）研究假设的来源

1. 文献资料。

2. 现有的理论。

3. 个人经验。

4. 启发。

5. 灵感。

（四）良好的研究假设应符合的条件

1. 假设应是可检验的。

2. 假设应与同一研究范围内的已经证实的事实或结论相一致。

3. 假设应简单，不包含不必要的复杂概念，也不应附加其他假设。

4. 假设不应远离所要研究的问题，更不能与研究问题毫无关联。

5. 假设应尽量以量化的形式加以表达。

第三章　研究对象与研究内容

一、研究对象

研究对象是研究者所要研究的一个个“点”，是进行研究和抽样的基本单位。研究对象可以是：

（1）个人，对个人或个人行为组合而成的社会现象进行描述或解释。

（2）群体，是具有某些共同特征的一群人。如：妇女、青少年。

（3）组织，是具有共同目标和正式分工的一群人所组成的单位。如：学校、企业。

（4）社区，是按地理区域划分的社会单位。如：乡村、城镇。

（5）社会产物，是各种类型的社会活动、社会关系、社会制度和社会产品。社会产品是指建筑物、交通工具、服装、书籍、报刊、电影、歌曲等物品。

二、研究内容

研究内容是指研究对象的属性和特征，是研究者所要研究和描述的具体项目或指标。一般来说，研究对象的属性和特征分为三类。

1. 状态，是研究对象的基本情况。如：社会产品特征有产品的形式、风格、质量、重量、色彩等。

例如：对一本书的大小、重量、长度、价钱、内容、所含图片数量、售出数量、作者等来进行描述性研究。

再如：对我国中小学生体质现状、课外体育锻炼情况、体育课状况的研究 。

2. 意向性，是研究对象的内在属性，包括态度、观念、信仰、个性、动机、偏好、倾向性等。意向性是内隐的，很难直接观测。研究者通常通过设计一组题目来描述态度、观念和行为倾向性的不同类别或不同程度。对意向性的分析要以研究对象的行为动机、目的、手段、策略等来解释他的行为。

例如：个人的价值观会影响运动员对兴奋剂的态度和行为。

3. 行为，是一种外显变量，受状态和意向性的影响。研究者可直接观察到各种社会行为和活动，各种行为之间还存在相互作用和影响。

例如：我们根据大学生群体的生活特征编制了一套《大学生生活方式调查问卷》，问卷有22道题目，涉及大学生的饮食状况、运动锻炼、药物及烟酒、睡眠状况、心智状况以及社会健康状况6个维度的问题，以了解和研究大学生群体的生活行为特征。问卷经过细致的检验和修订，使用相同问卷的结果可以互相比较。

研究内容可有以下4种选择方式。

1. 研究层次。以国家、制度、社区为分析单位的研究侧重宏观层次，以个人和小群体为分析单位的研究侧重微观层次。

2. 抽象程度。研究内容可以是非常具体的现象，也可以是高度抽象的概念。

3. 解释的方式。个性解释是以个人的独特因素来解释行为，即少数个案的大量特征；共性解释是以大量样本的共同特征来说明一般或普遍规律。

4. 层次谬误与简化论。在只对群体进行研究的基础上，错误地得出个体层次上的结论。如：据研究中国人寿命不短，平均寿命是75岁，已经接近发达国家水平。但如果由这些事实得出结论说："某个30岁的人一定能活过75岁"，则显然是错误的。简化论是指将局限于某些类型的特征应用于被研究的对象。如：在解释人的行为时，心理学家只考虑心理学特征，如：人格类型、精神创伤；经济学家只考虑经济学特征，如：供给、需求、边界价格；社会学家只考虑社会学特征，如：价值、规范、角色。这样分析和解释各种复杂的现象时，可能会出现有失偏颇的问题。

第四章　研究类型与研究过程

什么样的研究类型决定了用什么样的研究方法和途径来进行研究，所以应该了解一下研究有哪些类型，以及如何依据研究目的、问题、时间和对象等因素确定用什么研究类型。

一、研究类型

研究类型大体上有四种，它们是探索性研究、描述性研究、因果性研究、解释性研究。

（一）探索性研究

探索性研究是对研究问题的初步探索。探索性研究通常用于满足三类目的：第一，满足研究者的好奇心和对某事物更加了解的欲望；第二，探讨对某个问题进行细致研究的可行性；第三，发展后续研究中需要使用的方法。

因此，探索性研究常采用“走马观花”和查阅资料的方式对现象进行初步考察，这又可以分为两种：第一种是短期的、走访式的研究，如：大学生暑期社会考察。第二种为先导性研究，作为一项研究的前期工作，目的是了解与课题有关的情况，探索适当的研究方法，为更周密的研究提供指导。

先导性研究有三种：实地考察、请教专家、查阅资料。

1. 实地考察是在正式研究前先到研究现场去观察、访问、走访，以便明确研究内容、确定研究方法、设计研究方案。

2. 请教专家。所谓“专家”是指熟悉这一研究课题内容的人，主要目的是征求他们的意见和建议，了解他们的经验和想法，以便更全面地掌握课题的背景、现状、内容范围等。“专家”的看法可供参考，但不能取代研究者本人的独立思考。

3. 查阅资料可提供与课题有关的信息，知道其他人是从哪些角度、采用哪些方法研究这一课题的，他们得出了哪些结论，哪些方法值得借鉴。

当我们对许多现象缺乏了解不知如何入手时，探索性研究为我们提供了解答问题的途径。

例如，学校开展腰旗橄榄球运动的研究。众所周知，橄榄球是一项激情四射的运动，其激烈程度远远超过足球，且带有些许“野蛮性”。但是，腰旗橄榄球可是一项“文明的”运动，因为它不允许有任何的身体接触，阻挡和冲撞都是不被允许的。在裁判员证实场上发生任何严重的接触，如：冲撞、肘击、小动作、阻挡或任何违反体育道德的行为时，他都可以暂停比赛，将违反者驱逐出场，并取消其比赛资格。腰旗橄榄球比赛精彩安全，又不失橄榄球之激烈，娱乐性和观赏性都较强。

美式腰旗橄榄球运动源于美国国家橄榄球联盟（NFL），它将美式橄榄球的基础规则和技巧介绍给8—14岁的青少年。与正式橄榄球规则相比，腰旗橄榄球规定不允许抱人和推人，是一种非常安全的“非冲撞性”运动。腰旗（Flag），就是指在腰间佩戴两面腰旗。如果在持球跑动中，被对方队员拉掉腰旗，就算进攻失败。腰旗可以保护球员避免受伤，比赛时运动员须穿胶底的跑鞋，佩戴护齿。比赛在73米×27米的标准场地中进行，双方队员在经过掷硬币选择优先进攻权后，每队拥有4次进攻机会，在4次进攻后若球能够传过中场，则又可得到4次进攻机会，在这4次中如果进攻失败，则双方进行攻守转换。参加腰旗橄榄球的每队有五名队员身在不同的位置：四分卫、中卫、跑锋和外接手，他们通过掩护、配合，熟练的传接球技巧，制造达阵机会，从而最终达阵得分。腰旗橄榄球在世界30多个国家的青少年中广为流行。当美式橄榄球需要通过擒抱阻止对方进攻时，腰旗橄榄球只需要通过扯下对方腰两侧所挂的腰旗就可以达到同样的目的，因此是一种保护青少年的安全运动，父母们也不用担心自己的孩子在这项看似“野蛮”的运动中受到伤害。

在NFL的推广下，美式橄榄球目前在世界30多个国家的青少年中广为流行。为加强世界各地美式橄榄球运动员之间的交流，NFL每年都会主办腰旗橄榄球世界杯比赛。中国2004年首次派队参赛即取得了第9名的成绩。2007年6月23日，NFL美式腰旗橄榄球中国总决赛在北京林业大学举行，来自北京、上海、广州、哈尔滨、山东五省的124所中学的代表队参加了这次比赛。这个赛事自从NFL在2003年开始与中国地方教委合作推广腰旗橄榄球后，迄今每年夏天都会进行中国区的冠军竞赛。2007年的总决赛上，首都师范大学实验附中获得象征最高荣誉的“勇士之冠”奖杯，并代表中国出战了在美国新奥尔良举行的代表着世界中学生最高水平的腰旗橄榄球世界杯比赛。2009年4月11日，北京市首届高校腰旗橄榄球联赛在北京交通大学拉开了帷幕。来自清华大学、首都经济贸易大学、北京邮电大学、北京林业大学和北京理工大学的腰旗橄榄球队参加了比赛。

把橄榄球运动探索着变成腰旗橄榄球运动后，在我国大中小学开展腰旗橄榄球运动已呈现出方兴未艾的局面。①

① 杜俊娟.激情四射的腰旗橄榄球运动[J].体育教学，2010（3）：63—64.

（二）描述性研究

描述性研究，也称为叙述性研究或呈现性研究，许多研究的主要目的就是为了描述情况及事件，证实一类现象或关系的存在，回答“是什么”和“怎么样”的问题。而描述性研究应当具有准确性和概括性的描述，描述应当对现象的各种特征做出具体、准确的说明，要具体化，区分出各种表现形式，设计各种指标或调查项目，因此选择何种指标就直接影响描述的准确性。描述的概括性是指描述应当能反映出总体及各个组成部分的一般性和普遍性。

描述性研究的一个最好的例子就是我国的人口普查。人口普查的目的就是准确地描述全国和省市现人口的各种特征。还有，对产品进行市场调查的目的就是要描述使用或将会使用某些特定产品的人群。许多定性研究的基本目的就是描述。

描述性研究可以有如下侧重点：

1. 注重样本之间的差异分析，如：大学生四个年级的身体健康状况的比较。

2. 探讨某些样本的特征，如：运动员对竞技运动兴奋剂危害的认识。

3. 关注研究的预测性，如：调查本城市民众对申办奥运会的意愿。

4. 侧重于挖掘哪些变量是联结在一起的，如：体育教师职业满意度是否与社会支持环境有关。但这类描述性研究所谓的变量之间的关系只是一种共存的关系，并没有涉及一个变量引起另一个变量出现的问题。

下面通过分析一篇中国人幸福感调查研究的文章来说明这一问题。（资料来源于2014年11月7日腾讯评论第2970期今日话题《中国人幸福感真的赶英超美？》）

2012年4月，联合国首次发布《全球幸福指数》报告，比较全球156个国家和地区人民的幸福程度，丹麦成为全球最幸福国家，美国排名在第11位，中国大陆则排112位，中国香港地区排名67，中国台湾地区排名46，位列亚洲第3的位置。

与过去的自己比，中国人更富有了，却没变得更幸福。央视基层调查“你幸福吗?”曾引来众多网友调侃。一个重要原因就是中国普通百姓的生活满意度并不高，甚至与高歌猛进的中国经济发展态势呈现出强烈的反差。

一般来说，经济发展与幸福感之间的关系确实也很微妙，传统经济学认为“幸福是一个以收入为变量的简单函数”，现代经济学也构建于“财富增加将导致福利或幸福增加”的核心命题之上。似乎绝对收入、绝对财富的增加就意味着拥有更高消费水平和更为幸福的生活。然而，这一绝对收入决定幸福水准的“黄金法则”在1974年被伊斯特林的“幸福悖论”（Happiness paradox）所打破。他在当年提出一个重要命题，即一国的经济增长未必会换来生活满意度的改善。

“幸福悖论”的早期验证体现在20世纪60—70年代的美、日等发达国家。20世纪70年代以前，盖洛普对美国“幸福”问题的民意调查显示：“非常幸福”的人数比例在20世纪50、60、70年代分别呈现显著的上升、下降、稳定之势，与GDP的上升趋势反差明显；同期日本人均收入增长了6倍，但国民幸福程度却无明显变化。

在中国，根据瑞信银行公布的《全球财富报告》，中国2014年人均财富达到2.13万美元，这一数字与2000年的0.56万美元翻了几乎两番，但还是远远比不上全球水准，当时全球个人财富净资产的平均值已达5.6万美元。作为判断社会收入分配公平程度的基尼系数，其数据的参考作用更为明显。一般而言，当基尼系数处于0.4以下时，意味着社会的收入分配较合理。如果基尼系数高于0.6，则意味着社会贫富差距悬殊，收入分配极不合理。根据数据显示，1978年中国内地的基尼系数仅为0.18，截至2010年，中国内地的基尼系数已然达到0.61，首次突破0.6的高风险数值，表明当时社会贫富差距极其严重。

影响幸福指数的因素很多，对于“正在崛起的发展中国家”中国来说，经济成分无疑是最本质、最核心的因素之一。但在过去经济高速增长的大背景下，仅仅追求数据上的繁荣，不将社会经济发展的成果回报给民众，中国人幸福感不能与高歌猛进的经济发展同步增长这才是中国人幸福感未能赶英超美的原因之一。

（三）因果性研究

因果性研究，是验证某一假设中所叙述的变量间是否存在因果关系的研究。因果关系的确立必须同时满足三个条件：时间上的先后、经验上的相邻、恒常的关联。例如，当人们说“A现象导致了B现象”时，这两个现象在时间上是A先B后；在经验的时间和空间的维度上，A和B是相邻的；还有，A和B总是同时出现的。当因果关系确立后，要进一步明确原因“如何”或“为什么”导致结果。

因果性研究，就是试图表明在一种状态下所做干预产生的改变，能否带来随后结果的改变，即：如果A，那么B。当研究是出于建立因果关系的目的时，所提出的原因因素，一般称为“自变量”，而结果或效应因素称为“因变量”。

例如：研究发现，健康与四个因素有关，一是父母的遗传因素，占15%；二是环境因素，社会环境因素占10%，自然环境因素占7%；三是医疗条件因素，占8%；四是个人生活方式因素，占60%。用公式表达这种因果关系，就是：100%的健康=15%的遗传+17%的环境+8%的医疗条件+60%的生活方式。

虽然人们不能选择基因，但能选择健康。科学预防和保健，可降低55%的高血压发病率、减少75%的中风、50%的糖尿病和33%的肿瘤。我国一项“九五”攻关研究也表明：1元的预防投入可以减少8.59元的医疗费用的支出。临床实践又证明：可相应减少近百元的终末期抢救费。最近的调查也显示，中国人寿命不短，平均寿命是71.8岁，已经接近发达国家水平。但是，我们的平均健康寿命才62.3岁，在世界排名第81位。排名世界第一的日本是74.5岁。在影响健康的各种因素中，个人的生活方式因素的影响程度远远超过医疗条件、父母的遗传和社会与自然环境因素的影响程度。

有专家告诫人们，要健康，必须记住四句话。即“一二三四”：一个中心，两个基本点，三大作风，四四秘诀。

一个中心：以健康为中心。

两个基本点：糊涂一点，潇洒一点。站得高一点，看得远一点，心胸宽一点，肚量大一点，这样做人、做事都好办一点。

三大作风：助人为乐、知足常乐、自得其乐。

四四秘诀：第一个四是《维多利亚宣言》提出的健康四大基石，即合理膳食、适量运动、戒烟限酒、心理平衡。这16个字能极大地改善人的身心健康，提升生活质量。第二个四是健康的四个最好，即最好的医生是自己、最好的药物是时间、最好的心情是宁静、最好的健康是运动。这样，人们都能够健康七十、八十、九十,百岁不是梦，为祖国健康工作五十年。

（四）解释性研究

解释性研究，是解释因果关系为什么会产生以及在什么条件下产生的研究。解释性研究更为复杂、严谨，当知道了因果关系的存在还不够时，就需要进一步探索在A与B变异之间的关系中起中介作用的干预过程，这就需要对因果关系的“本质性”进行探讨，以便深入了解因果关系的机理并进行概念化和模型化。即：不仅要决定是否存在因果关系，而且要说明为什么存在因果关系，以及在什么条件下存在因果关系。

解释性研究方案设计：

一是要明确提出所需检验的假设，提出假设有三种方式：（1）列出现象的原因或后果。（2）提出主要原因或后果和次要原因或后果的假设。（3）建立因果模型。

二是有了理论假设和具体的因果模型，就可以制订研究方案，详细考虑搜集哪些资料、研究哪些内容、选取哪些研究对象、采用何种研究方法等。

例如：我们对为什么棠张中学成为徐州体教结合的典范进行了一些研究。

棠张中学是一所四星级的普通高中，是21世纪中国学校体育发展研究实验学校、国家级和江苏省的体育传统项目学校、江苏省培养体育后备人才试点校、江苏省课余训练先进单位，是徐州体教结合的典范。那么，棠张中学为什么能成为徐州体教结合的典范呢？我们做了充分的研究，那就是棠张中学学校体育工作的“四个极其重视”和“三个一”（这就是因果关系的“概念化和模型化”）。

棠张中学的学校体育工作的“四个极其重视”是：

（1）重视学校体育设施的建设，保障体育活动经费的投入。学校现有8个篮球场、6个羽毛球场、1个排球馆、22套乒乓球台、400米的标准塑胶田径场，还有沙滩排球场和体育馆。学校每年用于体育设施、器材添置更新和体育活动开展的经费不少于20万元，这些为学校体育各项活动的开展提供了坚实的物质保障。

（2）重视体育课堂教学质量的提高。棠张中学遵循体育与健康课程改革的精神，进行了多年的体育与健康课程选项教学的改革与实验，根据学校现有的14名专职体育教师的专业特长，开设了田径、羽毛球、排球、篮球、足球、乒乓球等专项课，形成了“合格+特长”的体育教学模式。

（3）重视丰富多彩的课余体育活动。学校建立了足球、篮球、排球、武术等多个体育俱乐部或体育社团，按章程规范地开展活动。全校的校园集体舞、冬季长跑锻炼，秩序井然、规模壮观。春秋两季，从高一到高三年级的跳绳、踢毽子、拔河、百米竞赛等小型比赛活动此起彼伏、红红火火，保证了全体学生每天都有除体育课之外的40分钟以上的课余体育锻炼或竞赛活动。棠张中学常年坚持20分钟的早锻炼、25分钟的课间操和20分钟的下午课外体育活动，每天2次眼保健操。

（4）重视检查评比制度的建立。棠张中学建立了早锻炼、课间操、课外体育活动和眼保健操的检查评比制度，实行量化考核，纳入班级、班主任的考核之中。学校每年秋季举行田径运动会，春季举行球类运动会，运动会中还同时开展体操和队列比赛活动。棠张中学的学校体育工作很好地体现和诠释了他们“养正气、强素质、育真人”的办学理念。

棠张中学还有一支历史悠久、蜚声国内外的女子排球队，自1979年创建以来，经过30多年几代棠张中学体育教师的努力，棠张中学女子排球队在全国和江苏省级比赛中屡次取得优异的成绩，走出了一条以市队校办为出发点、以运动员全面发展为主线、以教练员队伍建设为抓手、以提高学生竞技运动水平为核心、以培养高水平运动后备人才为重点的体教结合之路。

棠张中学学校体育工作的“三个一”是：一个健全、一个建立、一个坚持。

一个健全：健全读训结合制度。小学期间，把选拔出的苗子安排在同样有排球特色的棠张中心小学就读（棠张中心小学距离棠张中学约1公里）。初中时，在棠张中学（只有高中部）专门设了2个初中的排球特色班，由棠张中学按初中所有科目要求专门配备教师授课，配有专门服务排球队的食堂和条件很好的学生宿舍。高中时，编入棠张中学高中班学习。

更重要的是，在学生生活管理上，从小学、初中到高中，排球队的学生全部在棠张中学吃住和训练，每周文化课正常学习，下午放学后5—7点训练，双休日和寒暑假才全天训练，学生从小学开始，到初中，再到高中，一条龙地解决了读训协调问题。

一个建立：建立梯队发展机制。为了形成小学、初中、高中三个阶段的丙、乙、甲梯队发展的良性循环机制，棠张中学为每个学段的运动队分别配备了专职教练，分别制订训练计划、外出交流计划和各级参赛计划，对取得的成绩也分别进行奖励和表彰。目前，已形成3个学段齐头并进，不间断协调发展的良好局面。

一个坚持：坚持科学训练竞技比赛。以排球为例，棠张中学排球队具有3人教练组。教练组和排球队每年都要走出徐州、走出江苏、走出国门，参加系列大赛，锻炼队伍。近年来，棠张中学女排先后获得全国少年排球锦标赛冠军2次、亚军2次、季军2次；江苏省青少年、江苏省中学生排球比赛冠、亚军5次；19人入选江苏、四川、河南等省女排，如李慧3次入选国家青年队、2010年入选国家女排集训，曾为江苏女排队长；6人考取高等院校高水平运动队。棠张中学女排曾2次出访日本，2004年8月出访了韩国。棠张中学的体教结合之路正是“以球促德、以球增智、以球健体、以球发展”的辉煌之路。

二、研究过程

研究过程开始于人们对现象的兴趣和鉴别，然后产生了具体的问题和假设，直至得出结论和解决问题。具体的研究过程可分为下述步骤。

（一）搜集感兴趣的现象。

（二）选择要研究的问题。

（三）建立研究假设。

（四）选择变量。

（五）研究设计。

（六）进行研究操作。

（七）研究分析。

（八）撰写研究报告。

以问卷调查的具体程序为例：

准备阶段	确定课题	接受研究任务 初步探索 确定研究课题 提出理论设想 建立研究假设 课题的具体化	查阅文献 实地考察 专家咨询 建立研究构架 确定分析单位
设计阶段	研究设计	概念假设操作化 确定研究方式方法 设计研究方案 制定总体规划 研究修改定稿	确定研究指标 设计研究初稿 制定抽样方案 制定时间进度计划 试调查
调查阶段		进入研究地区单位 正式实施研究 问卷回收与检查 搜集其他资料	间接发放问卷 填写调查表格 结合座谈访问 搜集文献、统计资料
整理分析阶段		资料核查与整理 统计分析 理论分析	简化、汇总、分类 统计描述、相关分析 理论概括、综合、抽象
总结阶段		撰写研究报告 总结与评估 研究成果应用	提出结论、建议 总结经验、教训 解答实际问题

请模仿上述问卷调查的具体程序，完成一个观察研究的程序设计。

___

第五章 研究基本方式

研究基本方式也称研究方式，它表明了贯穿于科学研究全过程的程序、步骤与操作方式，也说明了研究者是通过何种具体途径得出研究结论的。

例如：科学研究的基本方式有统计研究、实地研究（蹲点调查）、普遍研究、抽样研究、典型研究、重点研究、个案研究7种。

一、统计研究

统计研究是一种定量化的研究方式，它是从许多单位中搜集可对比的信息，并利用这种可对比的资料进行汇总，以便对研究内容做更深入的定量分析。统计研究是一种利用结构化（或标准化）的研究方法，是研究大量样本，搜集数据资料，并对资料进行统计分析的研究方式。

（一）统计研究的优点

1. 统计研究的工具都是事先设计好的调查表格。

2. 研究资料可以精确地分类或转换为数据形式。

3. 可以对资料进行数量分析。

统计研究可以用问卷，也可以采取观察、访问等方法。

（二）统计研究的优点与局限性

统计研究的优点有如下4点：

1. 广泛了解情况，概括一般状况。统计研究的范围较广泛，它是一种调查“面”上情况的方法，能防止主观片面性，正确地把握全局和一般状况。

2. 统计研究能够用客观、精确、具有普遍性的数据资料说明和解释体育现象，这是典型研究或个案研究无法做到的。

3. 通过对大量样本的统计研究可以把人们的意见综合起来，概括性地反映客观的社会舆论，因此统计研究已成为了解人们意见、态度的主要方式，民意测验、问卷、态度量表等都是适于完成这一任务的有效工具。

4. 统计研究还具有搜集资料迅速，资料较精确、可靠，研究结论的概括性较高等优点。

统计研究的局限性有如下3点：

1. 统计研究只是对大量样本的少数特征进行调查，因此很难获得深入、详细的信息。

2. 统计研究一般不在现场观察，只是大量分发调查表格，无法深入询问和交谈。

3. 统计研究资料的准确程度受多种因素的影响，会影响资料的有效性和社会现象测量的程度。

下面，来看一篇2016年4月8日中国教育报刊登的《中国高等教育质量报告》（摘要）中第四部分“办学资源支撑度”中，运用多年统计资料所进行的一个统计研究。

21世纪以来，中国高等教育实现了跨越式发展，2014年在校生规模是3559万人，位居世界第一，毛入学率37.5%，高于全球平均水平，极大地满足了人民群众“上大学”的强烈愿望，高等教育已为各行各业培养了数以千万计的高级专门人才，有力提升了中国人力资源开发水平。

2013年与2003年相比，全国高校教育经费总收入增加了3.6倍。其中，国家财政性教育经费增加了近5倍；从2010年到2014年，全国高校固定资产总值增加了42.15%，教学、科研仪器设备资产总值增加了57%，生均拨款水平达到历史上最高水平，高校基础设施得到了全面改善，信息化水平显著提升，能满足教学科研的需要，为全面提高高等教育质量提供有力支撑。

中国高校师资队伍持续壮大，层次结构不断优化，青年教师发展潜力巨大。1999年到2014年，全国普通高校教职工总数从106.5万人增加到233.6万人（位居世界第一），其中专任教师从42.6万人增加到153.5万人（净增110.9万人）。专任教师中50%具有硕士、博士学位，青年教师（45岁以下）超过70%，全国整体教师队伍发展潜力大、后劲足。

近两年高校教育经费比例略有下降，全国高校师生比偏高，初中级职称教师约占80%，高校中大师级领军人才和学科带头人较匮乏。

二、实地研究

实地研究是在自然状态下观察社会生活，深入研究现场，利用观察、访问、座谈等方法搜集各方面的信息，以便对研究对象做深入的解剖分析。

（一）实地研究主要特点

1. 只研究少数个案。

2. 对每一个案的各种特征和各个方面作长期深入、细致的研究。

3. 主要是依靠无结构的、非标准化的观察记录和访问记录了解事实，研究资料无法汇总统计。

4.依靠主观的、洞察性的定性分析得出研究结论。

这4个特点恰恰与统计研究相对立，也被称为“定性研究”。

（二）实地研究适用范围

1. 解剖一两个有代表性的或独特性的社会单位。

2. 了解体育现象发展变化的具体过程。

3. 了解人们的行为、态度的具体表现以及行为动机。

4. 独特的事物或人物。

（三）实地研究的类型

1. 直接观察

直接观察是研究者本人加入研究对象的团体中生活，扮演其中一员的角色，对这里所发生的现象和情况进行多方面的长期观察的方法。研究者也可以公开自己的身份，通过与被研究者的长期接触，建立友好关系，然后在共同的生活和工作中观察。

直接观察是在“自然状态”下了解人们是怎样生活的，他们是如何组织、如何从事社会活动的。

例如：为了研究青少年体育俱乐部的组织机构情况，前期已经进行了一些调查研究，从调研的情况来看，一些创建单位普遍成立了青少年体育俱乐部领导小组，实行了董事会或理事会领导下的经理负责制，由依托单位的主要领导兼任俱乐部的董事长或理事长。董事会或理事会的组成人员大多由本单位的涉及场地、财务、有偿服务等部门的负责人构成。少部分的董事会或理事会邀请了当地的领导担任了名誉理事长或董事长，企业家担任理事，解决了俱乐部在活动开展和资金运作方面的问题。在机构设置上，基本上以一室四部为主，即办公室、宣传部、场地部、培训部和财务部。那么，有没有典型案例呢？为此，我们深入河南省洛阳市东升第二小学进行了实地观察。

洛阳市东升二小创办至今已有50余年的历史，在校学生3500多人，教职工200多位。2002年学校创办了洛阳市第一家青少年体育俱乐部，2002年2月被国家体育总局批准为国家青少年体育俱乐部。学校自筹资金400万元，建成三层总面积2600平方米、功能齐全、设施先进的体育训练馆。东升二小的青少年体育俱乐部的组织管理机构，就是由校长兼任董事长，副校长和主任兼任董事，设办公室（2人）、财务部（2人）、训练竞赛部（4人）、场地器材部（1人）和安全卫生宣传部（2人）5个部门（11人）。这些都是实地观察得到的资料。

2. 深度访谈

深度访谈，可以通过对个体发展过程的研究洞察个体为什么会具有特定的行为方式以及他或她的行为趋向。深度访谈一般要详细了解个人经历、家庭状况、生活环境、社会关系、精神健康状况等，以探寻其独特的原因。

深度访谈的方法论思想是，个体在其生长过程中必然经历一些作为“转折点”的重大事件，这些事件决定了个体的生活道路、个体的行为方式和价值观念。

深度访谈的适用范围如下：

（1）了解某一研究对象的生活史或发展过程。

（2）具体详细地分析人们的行为或生活方式与其社会文化背景和生活环境的关系。

（3）了解某些独特因素或事件对人们特定行为的影响。

（4）具体研究个人生活及其社会需求、动机、兴趣，以及特定文化背景下的群体行为。

例如，为了了解青少年体育俱乐部的资金来源及经费管理制度的情况，我们对体育总局青少处的有关领导和四川省成都市体育局的有关领导进行了访谈。

青少年体育俱乐部的发展，要适应社会主义市场经济的需要，是通过国家扶持，适当收取体育活动培训成本费等资金，建立的自我运行的良性机制，并能不断增加自身的“造血功能”的。因此，青少年体育俱乐部的资金来源可以从以下方面得到：（1）国家、省、市三级体育彩票公益金；（2）团体和个人会员会费、培训成本费；（3）接受捐赠、资助；（4）接受政府、企事业单位、社会团体、其他社会组织和个人的委托项目资金；（5）为社会提供与业务相关的有偿服务所获得的报酬；（6）其他合法收入。

青少年体育俱乐部的前期运作经费是由中国体育彩票资助的，国家、省、市分别以4 ∶ 4 ∶ 2的比例投入，两年共资助经费20万元。此笔款项属于专款专用，青少年体育俱乐部的经费主要用于场馆设施的维修，器材添置，形象宣传，开展培训、训练、比赛、业务交流，俱乐部工作人员、体育指导员补贴，办公活动费及其他开支等。青少年体育俱乐部资金要保证专款专用，要求俱乐部资金独立核算，建立银行帐号，资金使用要有明细表，单独建立帐目等以备主管部门审核检查。从2000年到2005年这5年间，由国家体育总局和地方各级政府共投入了2亿多元，其中体育总局用体育彩票公益金投入了1.7亿元。到2005年全国有青少年体育俱乐部2100多家，每年有30余万青少年从中受益。

关于青少年体育俱乐部的经费管理制度，四川省成都市的经验是，一定要严格财务管理，充分用好用活体育彩票扶持资金，加强资金管理，专款专用，杜绝经费使用不合理的现象。积极争取社会投入，为青少年体育俱乐部逐步走向市场化运作打下基础。湖南省的经验是争取资金、专款专用与企业参与，是青少年体育俱乐部可持续发展的重要工作之一。例如：2009年，湖南省益阳市一中的青少年体育俱乐部接受各单位的捐资达4万多元，上级拨款和其他收入达15万元多，总收入接近20万元，走上了可持续发展的良性道路。但还有相当数量的青少年体育俱乐部主要还是依赖体育彩票公益金，接受社会赞助、竞赛活动的开展及场馆开放的收入比例还较少，未能拓宽俱乐部资金来源的渠道。这也说明一些青少年体育俱乐部开展工作的主动性不够，存在着等、靠、要的思想，缺乏一定的自我发展与做强做大的意识。

3. 蹲点研究

蹲点研究是下到一个有代表性的社会单位中，进行长期的、系统的研究，对现行的政策、计划、措施的效果进行检查，发现新问题，总结经验，探索新的政策、计划、措施的可行性，借以指导全局工作。

例如，会员是俱乐部的支撑，建立会员制度也是青少年体育俱乐部实施方案的基本要求。青少年体育俱乐部在举行重大活动前要积极通过媒体进行宣传报道，以扩大青少年体育俱乐部的影响，吸引广大青少年参与其中。坚持青少年体育俱乐部会员制的体制，有条件的青少年体育俱乐部应有目的、有目标、有组织地向周边学校、单位进行辐射和延伸，扩大青少年体育俱乐部的会员阵容，提高青少年体育俱乐部的覆盖面。

为了了解湖南省益阳市一中青少年体育俱乐部会员制度的建设情况，我们在益阳市一中进行了蹲点研究。看到在湖南省益阳市一中，青少年体育俱乐部是建在学校中的，为了进一步促进学校场地、器材、设施的完善，学校一次性投入了3万多元购买体育器材以发展会员，争取更多的人来俱乐部参加体育活动。如：召开全校班主任会议，各班班长、体育委员会议，各体育教练员会议。俱乐部人员还到周边学校、厂矿企业和事业单位张贴广告，进行宣传和发动，依靠主办单位与兄弟院校单位的关系，吸引会员。 开设了篮球、足球、羽毛球、乒乓球、台球、田径、跆拳道、武术、定向越野和舞龙等体育运动项目。个人会员由最初的151名发展到现在的3954人，团体会员发展到现在的12个，会员发展初具规模。俱乐部对会员进行建档，登记造册，发放会员证。并制定了会员章程和入会须知、入会办法，并按照当地的经济发展水平，收取一定的会员费，每学期20元。但会员到俱乐部活动时，租金很便宜，如：打球，每次2元，时间一般在1.5—2小时。

俱乐部还组织会员参加了多种体育比赛，活动气氛热烈，产生了很大的影响力。益阳一中的体育场馆在双休日和节假日均对外开放，单位会员按时间、有秩序、有组织地来俱乐部活动，开放模式为按月收取团体会费。俱乐部每年活动人数在10万人次以上，开展专项培训6次，举办各种比赛12项，夏令营2次。俱乐部还与周边学校、体校对口衔接，及时发现好的苗子并招进俱乐部。如：益阳市羽毛球学校，每年都有4名以上优秀运动员进入益阳一中读书。这些材料都是通过蹲点研究得到的。

三、普遍研究

普遍研究也称为整体研究或全面研究，它是为了了解总体的一般情况而对较大范围的地区或部门中的每个对象都无一例外地进行研究。普遍研究的主要作用是对现象的一般状况做出全面准确的描述，目的在于把握全貌，得出具有普遍意义的结论。普遍研究运用最多的方法就是普查。普遍研究的特点是：

（1）由于普遍研究资料的搜集都是利用统一的统计报表或调查表格，每一个调查对象都按统一要求填写，因此资料的准确性、精确性和标准化程度较高，可以统计汇总和分类比较。

（2）普遍研究的结论具有很高的概括性和普遍性，因为资料的准确性、精确性和标准化程度较高，因此可以通过汇总和归纳得出一般性结论。

（3）普遍研究不可能对每一个调查对象都进行深入细致的调查，因此普查的项目较少，资料缺乏深度。

（4）普遍研究所需要的时间、人力和经费很多。如：1982年我国第三次人口普查从准备到正式结束历时约6年，动员了500多万人作为调查员，花费资金4亿元。

普查一般是一次性或周期性的，它通常由政府的统计部门出面主持。除各种普查外，我国还建立了统计报表制度。统计报表是一种定期的制度化的调查方式。

四、抽样研究

研究中可以将符合研究目的和要求的所有个体均作为研究对象，但更多情况下，只能将一部分作为研究对象。这时候就要解决选择什么样的部分作为研究对象，这一部分应包含的个体有多少，用什么样的方法进行选择，以及所选出的这一部分研究对象与总体间的关系是什么等一系列的问题。

可以说抽样是一种选择研究对象的程序和方法。抽样研究就是从研究对象的总体中选择一部分具有代表性的个体作为样本加以研究，然后根据样本的结果推断总体。这种由总体中选择一部分作为代表的过程就是抽样，所选取的一部分代表称为样本。

抽样研究的优越性：第一，研究费用较低；第二，速度快；第三，应用范围广。由于抽样研究能得到较好地再现总体结构的样本，因此它可以将一个宏观的现象缩小成微观的研究。

（一）抽样的有关概念

1. 要素。要素是搜集信息的单位和进行分析的基础。要素是指人或一定类型的群体。如：学生，也可以是家庭、组织、社区、俱乐部、公司等，都可以作为研究要素。

2. 抽样单位往往是多层次的。如：研究学校，从省 — 地区 — 县抽取学校样本，这时抽样单位分别是初级、次级、终级抽样单位。

3. 总体与研究总体。总体是在理论上研究要素的特定集合体。研究总体指的是从总体中抽取样本的全体要素总和。一般地说，样本只能推论研究总体而不是总体。

4. 抽样误差。在用样本的统计值推算总体的参数值时，总会存在偏差，这种偏差就是抽样误差。可见，抽样误差是衡量样本代表性大小的标准，一般地说，样本所含个体越多，代表性就越高，抽样误差越小。反之亦然。注意，样本无须在所有方面都具有代表性，代表性只需局限于与研究主要问题有关的特征即可。

代表性，就是样本具有与其所从中挑选出来的总体相同的特征。通过对样本的分析所得出来的描述和解释也同样适用于总体。代表性给概化和推论统计提供了可能性。在概率抽样下，代表性会更好。

例如：如果要选出100位大学生作为样本，我们可能就是到校园里走一圈，访问遇到的100名大学生。这种抽样方法经常为一些未经训练的研究者所使用，但这种方法存在着严重的问题。这种随意的抽样，误差肯定会存在。

5. 抽样的基本程序。

第一，界定研究总体和抽样总体。

第二，设计和抽取样本。

第三，对样本进行评估。

6. 样本量的大小。样本量的大小又称样本容量，指的是样本所含个体的数量。确定样本大小应考虑的因素有：第一，研究的精确度要求；第二，研究总体的性质、总体的规模和总体内的异质程度；第三，抽样的方法；第四，可用于研究的人力、财力、物力。

（二）抽取样本的方法

抽取样本的方法有两类：概率抽样和非概率抽样。

1. 概率抽样。概率抽样是依据概率理论，按照随机原则选择样本，完全不带研究者的主观意识。概率抽样使总体内所有个体都具有相同的被抽入样本的概率，这样的样本称为随机样本。概率抽样的具体方法有：

（1）简单随机抽样。抽样时不进行任何分组、排列，使总体中的任何个体都同样有被抽取的平等机会。

例如：抓阄、抽签，体育彩票。科学研究中，简单随机抽样通常是使用随机数字进行的。随机数字是由数字0—9组成的表，它由电子计算机编制而成，1955年美国兰德公司编制出版了100万数字的表。

（2）等距抽样。等距抽样是将总体中的所有个体按一定顺序排列起来，计算抽样距离K，它是由总体所含个体的数目（N）与样本所含的个体数目（n）决定的，即$K=N/n$。用完全随机的方法抽取一个个体，设其所在位置的序号为A，其余个体序号依次为A、$A+K$、$A+2K$、$A+(m-1)K$。

例如：在12000名学生中抽取200人，$K=12000/200=60$，用完全随机的方法在前60名学生中抽出第一位学生，设其序号为12，则第二位学生的序号为$12+60=72$，第三位学生的序号为$12+2\times 60=132$。

等距抽样易于实施，工作量较小，适用于同质性较高的总体。当总体内个体类别之间的数目悬殊时，样本的代表性可能较差。

（3）分层抽样。按研究对象的某种属性或特征将总体中所有个体分成若干类或层，然后在各层中随机抽取子样本，要求各层子样本在总体样本中所占比例与本层在总体中所占的比例相同。有时层是自然形成的，有时用以分层的理想变量是在调查中要加以测量的变量。

例如：对某校800名已进行过学生体质健康状况普查的学生，上级的检查部门要从中抽取20%的学生即160人作为抽查样本进行抽样检查研究，这800名学生的体质健康状况代表了元素间的主要差别。首先按学生体质健康状况评定标准将学生分为优、良、中、合格四层，其中，优秀160人、良好320人、中等240人、合格80人。然后随机地在这四层中按比例分别抽取样本：从优秀中抽取160×20%=32人，从良好中抽取320×20%=64人，从中等中抽取240×20%=48人，从合格中抽取80×20%=16人，这160人就组成了最终分层取样的样本。

（4）整群抽样，即选择一个整体作为样本。整群抽样又称为聚类抽样，就是将总体按照某种标准划分为一些子成分群体（简称“子群”），每个子群作为一个抽样单位，用随机的办法从中抽取若干子群，将抽取的子群中的所有个体合在一起作为总体的样本。优点是可以通过变换抽样单位扩大抽样的应用范围，缺点是样本分布不均匀，样本代表性较差。

2. 非概率抽样。非概率抽样是依据研究任务的要求和对研究对象的分析，主观地、有意识地在研究对象的总体中进行选择。

如果研究的目的仅是对问题做初步探索，以获得研究的线索和提出假设，而不是由样本推论总体，那么不一定采取随机抽样，可采用非概率抽样。将非概率抽样的结论推论到总体时要慎重，否则容易出现以偏概全的错误。非概率抽样的类型有：

（1）就近抽样。样本的选择仅仅是依据便利性。

例如：在街道拐角或在其他场所拦下路人做访问工作。尽管这种方法的使用具有可行性，但根据这类数据做出推论时必须非常小心，因为这种方法虽然方便省力，但是样本的代表性差，有很大的偶然性。这种方法可以运用于研究的前测阶段。

（2）主观抽样。研究者根据自己对总体的知识，如对总体的构成要素和研究目的的判断选择可以代表总体的个体作为样本，这种样本的代表性取决于研究者对总体的了解程度和判断能力。

例如：为研究高校辅导员的心理压力源问题，研究者可能会选取自己所在高校的辅导员作为研究样本，对研究要发放的问卷题目进行检验，作为研究前测，可以有效地检查问卷中的缺陷。

（3）配额抽样。配额抽样是从总体的各个不同亚群体中选择一定数量的成员组成样本，这可以精确地反映总体的已知特征。

例如：招募一个男性和女性各占一半的样本，对其按学历情况进行划分，其中学历为高中以下、高中、大学三类个体的占比均为三分之一。

（4）滚雪球抽样。滚雪球抽样是先从几个适合的样本开始，然后通过他们得到更多的样本，进而一步步地扩大样本范围的抽样方法。在特定总体的成员难以找到时，滚雪球抽样是最适合采取的一种抽样方法。

例如：如果想了解学校招募大型体育竞赛志愿者的方式，可以先访问新近招募来的人员，询问他们是由谁介绍来的，然后再访问被提到的那些人，询问他们是由谁介绍加入的。这样，样本随着受访人不断提出别人的名字，而像“雪球”一样越滚越大。再如：每个被访问的人被要求介绍其他的人来参与访谈。但是，这种方法产生的样本代表性有限，因此，它通常用于特殊性研究。

非概率抽样有其积极作用，尤其是在定性研究中。但是，也要注意非概率抽样的局限性，尤其是要注意其代表总体的准确性和精确度问题。以下是一个详细的抽样研究案例。

北京大中小学生课外锻炼调查

为了切实提高广大中小学生体质健康水平，2005年教育部就落实保证中小学生每天一小时体育活动工作提出的意见就有：“保证课外体育活动时间。凡没有体育课的当天，学校要组织学生参加一小时课外体育活动，课外体育活动时间应排进课表，形成制度。实行大课间体育活动制度。”因此，我们选择了学生每天课外体育锻炼一小时的课题进行调查与研究。学生每天课外体育锻炼时间的含义是：每周5天学生在校期间，每天参加的平均课外体育锻炼的时间（包括早操或课间操、班级体育锻炼、学校内的体育俱乐部锻炼、学校内体育社团的体育锻炼等活动时间），能否达到一小时。

为此，我们采用问卷调查的研究方法。首先，开始制定问卷。我们制定了一份《北京大中小学生课外锻炼时间问卷调查表》，并请学校体育学教研室的5位教授、副教授对问卷进行了内容效度评价，在内容效度“很有效、比较有效、一般、不太有效、无效”5个评价选项中，专家们一致认为该问卷是很有效的。关于问卷的信度检验，我们采用了50人的再测法，再测信度为r=0.83，说明问卷信度可靠。

第二步，对北京市大中小学生课外体育锻炼进行抽样调查。2007年调查时，北京有高校82所，我们按1/4多一点的比例，随机抽取了23所高校的1495名大学生（每校65人）进行问卷调查。2007年北京有中小学2017所，分布在北京市的18个区县，我们按1/2的比例，随机抽取了东城区、朝阳区、海淀区、丰台区、昌平区、大兴区、门头沟区、平谷区和顺义区的90所中小学校。抽样中我们按照小学、中学，城镇、农村，重点、一般的分层要求抽取了小学5、6年级，初中1、3年级，高中2、3年级共2500名中小学生进行问卷调查。

第三步，问卷的发放与回收。2007年9月，共发放《北京中小学生课外锻炼时间问卷调查表》2500份，回收2500份，有效问卷2466份，回收有效率为98.64%。发放《北京大学生课外锻炼时间问卷调查表》1495份，回收1312份，有效问卷1312份，回收率87.76%。

（1）北京学生课外体育锻炼一小时的调查与分析

根据我们对北京大中小学生自填课外体育锻炼时间的调查，结果见表5-1。

表 5-1　北京学生课外体育锻炼时间调查一览表

锻炼时间	小学人数 N=824	百分比	中学人数 N=1642	百分比	大学人数 N=1312	百分比
20—29分钟	36	4.4	127	7.7	607	46.3
30—39分钟	71	8.6	454	27.6	286	21.8
40—49分钟	78	9.5	220	13.4	156	11.9
50—59分钟	58	7.0	224	13.6	104	7.9
60—69分钟	239	29.0	318	19.4	57	4.3
70—79分钟	132	16.0	137	8.3	21	1.6
80—89分钟	50	6.1	55	3.3	15	1.1
90—100分钟	160	19.4	107	6.5	66	5.0
30分钟以上合计	788	95.6	1515	92.3	705	53.7
60分钟以上合计	581	70.5	617	37.6	159	12.1

从表5-1可见，在小学生课外体育锻炼时间中，能达到30分钟以上的人数是788人，占小学生总人数的95.6%，能达到60分钟以上的人数是581

人，占小学生总人数的70.5%；在中学生课外体育锻炼时间中，能达到30分钟以上的人数是1515人，占中学生总人数的92.3%，能达到60分钟以上的人数是617人，占中学生总人数的37.6%；在大学生课外体育锻炼时间中，能达到30分钟以上的人数是705人，占大学生总人数的53.7%，能达到60分钟以上的人数是159人，占大学生总人数的12.1%。可见北京大中小学生课外体育锻炼时间能达到每天半小时者和一小时者，随着学生年龄的增长，人数不断减少。小学生和中学生中，每天进行半小时以上体育锻炼的人数比例分别为95.6%和92.3%，这主要是由学校的早操、课间操或大课间体育活动在做保障。但若做到每天体育活动锻炼时间在一小时以上，那么无论是小学，还是中学和大学，一多半学生都达不到。特别是中学和大学，达到的学生仅占37.6%和12.1%。比较2002—2003年的数据，其下降幅度太大，情况太不乐观。总体来说，一些学校对学生课外体育锻炼的重视程度还有待加强，这些学校的体育部（室）、学生处等有关职能部门还要紧密配合，充分发挥党、团组织以及学生会和其他学生社团组织的作用，积极组织开展学生课外体育活动。

（2）影响北京大中小学生课外体育锻炼达到一小时的主要因素分析

为什么北京有那么多学生课外体育锻炼时间达不到一小时呢？我们对其主要影响因素进行了多项选择的调查，结果见表5–2和表5–3。下面，我们主要对前五位的影响因素进行一些分析。

表5–2 影响北京中小学生课外体育锻炼达到一小时的主要因素（N=2466）

排序	主要原因	学生（人）	百分比
1	学习压力大	545	22.1
2	被其他课程占用	397	16.1

续表

排序	主要原因	学生（人）	百分比
3	学校体育场地小、器材少	355	14.4
4	没有自己喜欢的体育项目	259	10.5
5	没有组织或体育教师指导	223	9.0
6	怕在运动中受伤	204	8.3
7	对体育活动不感兴趣	196	7.9
8	参加其他科目的兴趣小组	171	6.9
9	家长不支持	116	4.7

表 5–3　影响北京大学生课外体育锻炼达到一小时的主要因素（*N*=1312）

排序	主要原因	学生（人）	百分比
1	学习压力大	470	35.8
2	学校体育场地小、器材少	250	19.1
3	没有自己喜欢的体育项目	222	16.9
4	参加其他社团的活动	191	14.6
5	没有组织或体育教师指导	179	13.6

① 学习压力大的影响因素。从表5–2和表5–3可见，学习压力大是影响学生课外体育锻炼达到一小时的第一位因素。人人都说现在的学生不容易，书包越来越重，作业越来越多，睡眠时间越来越少。北京市的中学生普遍每天要上8—10节课，初三、高三年级都是10节课。即使是小学生，

每天比中学生少上了1—2节课，但许多家长也会想方设法把时间补回来，上各种辅导班。在中学还存在初三和高三体育课被占用的情况。大学生因为社会竞争的日益激烈，即使有一点时间，也用在打工、挣学费或各种社会实践中了。

② 学校体育场地小、器材少的影响因素。在我国，2003年以来北京市教委加大了向郊区和农村中小学配备体育教学设备的力度，2004年底，北京市学校场地器材达到国家规定的场地器材配备目录的学校占60%—65%。特别是2005年北京市政府明确提出要为郊区500所中小学配备体育教学设施，改善郊区学校体育教学条件。2007年在我们所调查的北京中小学校中，学生人均体育场馆面积是6.2平方米，高校生人均体育场馆面积是4.33平方米。这些体育场馆是学校开展体育教学、训练工作的基础和重要物质保证，场地设施的建设距国家教育部规定的中小学及普通高校体育场馆设施器材配备目录中规定的要求还有一些差距，这使它分别成为影响中小学生和大学生课外体育锻炼达到一小时的第二位和第三位的因素。

③ 缺少满足学生需要的运动项目的影响因素。表5−4是学生最喜欢的课外体育锻炼运动项目的调查，由表5−4可见学生最喜欢的课外体育锻炼运动项目前11位是：篮球、羽毛球、乒乓球、足球、武术、跆拳道、健美操、轮滑、排球、网球、体育舞蹈。可是，除了篮球、足球、排球外，其他项目在很多学校很少能满足学生课外锻炼的需要。例如，羽毛球是各学校学生锻炼最少的项目，原因主要是没有室内场馆，而且室外场馆受天气限制；其次是羽毛球场地很少，最多也就3块，学生太多，无法进行锻炼；还有就是缺乏羽毛球专业教师。再如，跆拳道也是锻炼开展比较少的项目，仅有几所中小学开展了，这一项目开展较少的原因主要是专业教师的缺乏。可见，学生喜欢的运动项目主要是受场地、器材和体育教师不足的影响，所以，没有喜欢的运动项目分别成为影响中小学生和大学生课外体

育锻炼达到一小时的第四位和第三位的因素。

表 5-4 中小学生最喜欢的课外体育锻炼项目调查（N=1312）（不可多选）

项目	学生（人）	排位	项目	学生（人）	排位
篮球	201	1	健美操	94	7
羽毛球	186	2	轮滑	82	8
乒乓球	156	3	排球	76	9
足球	144	4	网球	75	10
武术	123	5	体育舞蹈	64	11
跆拳道	111	6			

④ 缺少组织或体育教师指导的影响因素。为什么没有组织或体育教师指导成为影响中小学生和大学生课外体育锻炼达到一小时的第五位因素呢？根据我们的调查，2006年北京中小学体育教师与学生的比是1∶217.5，北京高校体育教师与学生的比为1∶292.2，如果按国家教育部规定的中学48人、小学40人的标准班来计算，一名中小学的体育教师在2006年要上5个班的小学体育课，或者上4个班的中学体育课。现在小学1—2年级达标体育课是每周4学时，5个班将是20学时的课；小学3—6年级达标体育课是每周3学时，5个班将是15学时的课；初中1—3年级达标体育课是每周3学时，4个班将是12学时的课；高中达标体育课是每周2学时，4个班将是8学时的课。如果按照2002年9月教育部正式颁布的《全国普通高校体育课程教学指导纲要》（以下简称《纲要》）中规定的体育课堂教学班的人数在30人左右为宜，那么，按师生比1∶292.2来算，一名高校体育教师要上8.6个班的体育课，如果每个班每

周2学时体育课，一名高校体育教师每周要上17节体育课。这些都没有将体育教师课间操、早操、课余训练、课余竞赛、指导学生课外锻炼的工作量计算在内。可见，体育教师的数量还远远不够，体育教师光是体育教学就已经是满负荷工作了，这使体育教师没有时间和精力再在课外时间里组织和指导学生的体育锻炼。虽然早在1990年颁布的《学校体育工作条例》第五章“体育教师”中已经明确指出：“学校应当在各级教育行政部门核定的教师总编制数内，按照教学计划中体育课授课时数所占的比例和开展课余体育活动的需要配备体育教师。”目前看来还有不小的差距，急需改进。

从上述分析可以看出：北京学生课外体育锻炼时间能达到每天一小时者，小学略多，是70.5%；中学和大学，一多半学生都达不到，中学占37.6%；大学仅占12.1%。从小学，到中学，再到大学，学生每天一小时体育锻炼人数的百分比在大幅度下降，问题十分严重。影响学生课外体育锻炼时间达到每天一小时的主要原因是：学生学习压力大，被其他课程占用时间，学校体育场地小、器材少，缺少满足学生需要的运动项目，缺少组织或体育教师的指导等[①]。

五、典型研究和重点研究

（一）典型研究

典型研究是从研究对象的总体中选取一个或几个有代表性的单位或个人进行全面深入的调查。典型研究的目的是通过深入的“解剖麻雀”，以少量典型来真实、迅速地了解全局情况，概括或反映全局。典型研究就是一个由特殊到一般的过程，因此选取具有典型性（或代表性）的调查对象

① 杜俊娟．首都学校体育现代化研究．首都体育现代化综合研究——子课题研究报告[M]．北京：北京体育大学出版社，2009：61—86．

就成为关键。研究的典型可以分为三种：先进的、中间的、落后的。典型研究的特点是：

（1）研究对象是有意识地主观选取的，它们要具备代表性。

（2）研究少量典型可节省时间、人力、经费；调查内容可以较深入、全面。

（3）缺点是所选择的研究对象是否具有代表性是很难判断的，因此得出的研究结论并不一定能适用于总体或全局。只有少量单位无法对现象进行精确的数量分析，因而很难发现体育现象之间的因果规律。

（二）重点研究

重点研究是从研究对象的总体中主观选取少数较主要的、占重要地位的单位进行调查，并通过这些单位的情况反映总体的情况。这一点与典型研究不同。重点研究的特点是：

（1）重点研究的目的是掌握和了解研究总体的数量状况。

（2）重点研究的对象不一定要具有代表性或典型性，但必须要在总体中占有重要地位或在总体的数量总值中占有较大比重。

（3）重点研究比较省时省力，研究结果可以反映全局情况。

（4）重点研究适用范围小，只适合少数研究总体。

六、个案研究

个案研究也是从研究对象的总体中选取一个或几个研究对象进行深入研究。它的主要作用不是由个体推论总体，而是要深入、细致地描述一个具体单位的全貌和具体的过程。

与典型研究不同，个案研究不要求研究对象具有代表性或典型性，它不试图以少量单位概括或反映总体的状况。在对个案的研究中还有一些具体方法和手段，如：参与观察、深度访问、重点访问、生活史研究、个人文献分析、社区研究等。

个案研究与典型研究是通过深入“解剖麻雀”描述各个“点”的情况；而抽样研究则是要了解“面”上的情况，它试图详尽地分析各个“点”之间的相互联系，以便从总体上把握现象的规律性。

个案研究也可以是通过对个体发展过程的研究洞察个体为什么会具有特定的行为方式以及他或她的行为趋向。个案研究一般要详细了解案主的个人经历、家庭状况、生活环境、社会关系、精神健康状况等，以探寻其独特的原因。个案研究的方法论思想是，个体在其成长过程中必然经历一些作为“转折点”的重大事件，这些事件决定了个体的生活道路、行为方式和价值观念。

个案研究适用于：

（1）了解某一研究对象的生活史或发展过程。

（2）具体详细地分析人们的行为或生活方式与其社会文化背景和生活环境的关系。

（3）了解某些独特因素或事件对人们特定行为的影响。

（4）具体研究个人生活及其社会需求、动机、兴趣，以及特定文化背景下的群体行为。

第六章 文献资料研究法

体育科学研究包括资料搜集和资料分析两个阶段，研究的具体方法是指在研究的某一阶段中使用的方法、技术、工具等。如在资料搜集阶段使用访谈法，在资料分析阶段使用统计分析法等。资料搜集阶段常用的具体方法有文献资料法、观察法、问卷法、访谈法、量表法、测验法和实验法；资料分析阶段常用的具体方法有统计分析法和理论分析法两种。

本章首先学习文献资料研究法。文献资料研究法是通过系统客观地识别文献资料的特征，从大量的文献资料中抽取所需信息的一种研究方法。

一、文献资料研究法的作用

1. 了解以往的研究成果，为确定研究课题和研究设想提供参考。

2. 了解与研究课题有关的理论和方法，为提出研究假设和制订调研方案提供参考。

3. 了解研究地区、对象的历史状况，为制订调查研究方案和提纲提供依据。

4. 了解和学习有关的政策、文件。

二、文献资料的分类

（一）按文献的形式分类

文献资料包括图书、期刊、会议资料、科技报告、政府出版物、学位论文、标准、专利文献、档案、报纸、音像资料等。

（二）按文献的来源分类

一次文献：原始文献。

二次文献：目录、索引、文摘等。

三次文献：对多篇文献进行整理、概括、综合、分析评述。如：年鉴、手册指南、教科书。

四次文献：磁盘、光盘形式的索引。

零次文献：未正式发表的文字材料。

三、文献资料的查找途径与方法

1. 从文献追踪文献。

2. 查阅研究者平时积累的文摘卡片。

3. 对某学者或实验室发表的文献跟踪追索。

4. 利用检索工具书目查找文献。

（1）检索方法：顺查法、倒查法、抽查法、追溯法、分段法。

（2）检索途径：从文献的外表特征检索文献，如著者、题名途径；从文献的内容特征检索文献，如分类、主题、关键词途径。

四、文献资料的阅读

（一）文献资料阅读的原则

1. 循序渐进原则。

2. 浏览与精读相结合原则。

3. 全面阅读与专题深入相结合原则。

4. 批判性原则。

（二）文献资料阅读的方法

1. 浏览。

2. 粗读。

3. 精读。

（三）文献资料的积累

1. 读书笔记：标记批注式、提纲式、提要式、摘录式、引语式、心得式。

2. 文献卡片。

3. 文献的剪贴与复制。

4. 网上下载。

五、文献综述的撰写

文献综述是阶段性研究成果的体现，可进一步验证假说，为导师的指导工作提供参考，好的文献综述本身就是科研成果的一种形式。对读者来说，通过阅读文献综述，可以在较短的时间内对某个领域、某个专题的新动态、新进展以及有关的原理、方法等有较全面的了解。

（一）文献综述的特点

1. 文献性：文献综述属于二次文献，故强调资料全、信息量大，强调对一次文献的梳理加工。

2. 综合性：文献综述不能仅对研究问题的一个部分或一个点进行论述，而要全面地了解和论述。

3. 再现性：文献综述要完整深入地描述他人的研究成果，但不能简单重复。

4. 时限性：时限跨度视需要而定，如强调“新进展”，则时限跨度一般在2—3年。

5. 信息性：综述的价值就在于其含有大量的信息。

6. 学术性：文献综述是具有更高阅读价值的学术论文。

7. 展望性：对研究进展做出科学的预见，为他人指示研究方向，对该课题进行研究的路经、研究问题做出一定的估计和分析。

（二）文献综述的格式与内容

1. 前言：简要介绍本专题的历史和现状，理论意义和实际意义，目前对主要问题争论的焦点，综述的范围，并简略阐明撰写目的。

2. 主体部分：包括简要的历史回顾，各个阶段的发展特点及重大进展是在什么条件下发生的，特点和意义是什么，新理论新方法的引入及其效果，不同观点间的差异，方法的发展特点、成效及现有水平。

3. 总结：简短概括主体部分，说明哪些是肯定的、哪些是否定的、哪些是未定的，提出今后的发展趋势，哪些方面值得深入研究。

4. 参考文献目录：撰写中所依据的资料是综述者亲自阅读过的，便于他人查找和核对引用文献的准确性，也是尊重他人劳动成果的表现。

（三）文献综述撰写应注意的问题

1. 尽可能引用一次文献，不要间接引用文献。

2. 避免文献搜集不全、要点把握不准。

3. 要评价、比较、总结和概括文献，找出薄弱环节，指出现状、发展方向和趋势。

4、不要大段抄录原始文献，抓住中心，突出重点。

5、引用的文献应是有代表性的、科学性高的资料，注意反映新理论、新观点、新技术、新方法。

6、语言要精练，一般采用陈述句，论点清晰明确。

7、参考文献序号与正文中的标注相一致。

六、参考文献的标注格式

（一）专著、论文集、学位论文、报告的标注格式

[序号] 主要责任者 . 文献题名 [文献类型标识]. 出版地：出版者，出版年：起止页码 .

[1] 许耀球，姚天白 . 田径运动生物力学 [M]. 北京：北京航空航天大学出版社 , 1990：15 — 56 .

（二）期刊文章

[序号] 主要责任者 . 文献题名 [J]. 刊名 , 年 , 卷（ 期 ）：起止页码 .

[2] 陈大龙 . 篮球战术教学引入“个案”教学法的实验研究 [J]. 体育科学 , 1995 , 15（5）：4 — 9.

（三）论文集中的析出文献

[序号] 析出文献主要责任者 . 文献题名 [A]. 原文献主要责任者 . 原文献题名 [C]. 出版地：出版者 , 出版年：析出文献起止页码 .

[3] 黄辅周 . 现代排球科研动态及多学科研究成果应用 [A]. 全国排球运动高级研讨班研讨成果专辑 [C]. 北京：北京体育大学出版社，1996：86 —

149.

（四）报纸文章

[序号]主要责任者.文献题名[N].报纸名，出版日期（版次）.

[4]谢西德.创造学习新思路[N].人民日报，1998-12-25（10）.

（五）网络文献

[序号]主要责任者.文献题名[Z].网址.

[5]天山剑客.对教育产业化的反思[Z]. http：//www.bokee.com/.

参考文献的类型以单字母方式标识。M为专著，C为论文集，N为报纸文章，J为期刊文章，D为学位论文，R为报告，S为标准，P为专利。

对于不属于上述文献类型的，采用字母Z标识。

下面是一篇通过阅读唐代诗词等文献资料来进行研究的文献资料研究法案例。

诗说唐代龙舟竞渡

说起龙舟竞渡，人们自然会想到纪念屈原，其实龙舟竞渡的出现要比屈原所处的年代早得多。我国古代南方水域地区的人们常以舟代步，以舟为生产工具和交通工具，人们在捕捉鱼虾劳动之余，休闲时就会相约划船比速度，这就是远古竞渡的雏形。据晋代司马彪《续汉书·礼仪志》记载，夏商周时夏至节都要举行龙舟竞渡。自从人们用此活动来纪念屈原，便多在端午了，正如南朝梁宗懔在《荆楚岁时记》中所记载的那样："五月五日竞渡，俗为屈原投汨罗江，伤其死，故命舟楫以拯之。"不过端午与夏至相近，前后相差不过二三天，1993年的夏至在阴历五月初二，只比端午早三天。在中国传统中，阴历五月为午月，五日为午日，故五月五日称为端午，端是初的意思。古人以午月为多灾之月，五日更是犯忌的日子，因此常以这一天作为哀悼纪念的日子。而屈原投汨罗江正好在端午，因此使人们误以为龙舟竞渡起源于纪念屈原。这种情况的出现，并不是偶然的。因为屈原忧国忧民的襟怀，直言敢谏的品格，对反动势力和险恶形势的不妥协不退让精神和出污泥而不染的高尚情操，在我国数千年的历史中，是上自宫苑君王，下至乡野百姓，一致公认的崇高道德典范。屈原精神与龙舟文化的结合，使龙舟竞渡这种古老的习俗获得了新的含义，注入了新质。所以屈原所投的汨罗江的两岸人民，竞渡时往往点上蜡烛，抬着龙头，先到“屈子祠”去祭拜一番，然后一声炮响，众船竞飞，以此表达他们对这位贤哲的哀思。

从文献记载来看，端午龙舟竞渡在唐代就已经全国普及了，这些从唐代咏龙舟竞渡的诗歌中可见一斑。中国诗歌虽短，却包括了时间、地点、人物、事件多个因素，多与历史发生关系，若把所有分散的咏龙舟竞渡的唐代诗歌集合在一起，连贯起来进行研究，我们便可明了唐代龙舟竞渡的概况了。

据《旧唐书·杜亚传》记载：“江南风俗，春中有竞渡之戏，方舟并进，以急趋疾进者为胜。”可见唐代龙舟竞渡中，已出现龙舟游乡、龙舟集会、自由竞渡和有组织的竞渡等形式。

（1）在龙舟游乡中，走亲访友享受节日的欢乐是主要内容，其次才是竞赛。如元稹《竞舟》：“吾现竞舟子，因测大竞源。天地昔将竞，蓬勃昼夜昏。龙蛇相嗔薄，海岱俱崩奔……其次有龙竞，竞渡龙之门……向来问竞辈，岂料由我存。壮哉龙竞渡，一竞身独尊。”

（2）龙舟集会和自由竞渡是民间龙舟竞渡最普遍的形式，如被封为燕国公的诗人张说贬官岳州，在岳州观看龙舟竞渡时，就写下了一首为后人传颂的诗作《岳州观竞渡》，如诗中描述：“画作飞凫艇，双双竞拂流。”初唐时，参加竞渡的龙舟都较简单轻便，人称“飞凫”。但每有竞渡赛事，都会吸引众多的人到场欢呼呐喊，加油助威。而有些地方参加竞渡的龙舟则数量较多，据《杭州府志》记载，唐代的竞渡参赛龙舟多达几十条，李群玉《竞渡时在湖外偶为成章》就有："喧江雷鼓鳞甲动，三十六龙衔浪飞"的描写。符载《上巳日陪刘尚书宴集北池序》更有："雷鼓而飞，千桡动，万夫呼，闪电流于目眦，羽翼生于肘下。"这里"桡"即指龙舟队员手中的划桨，"千桡动"形容比赛船之多，那奋力划桨的动作就好像身体两边生出翅膀一样，"万夫呼"指的是两岸观众和比赛队员的欢呼，一条条龙舟在飞速向前，令人目不暇接，场面十分壮观。

（3）有组织的龙舟竞渡，则对龙舟的出发、争标、起点、终点、时间等都有较严格的规则。范慥的《竞渡赋》就描写了龙舟竞渡出发时的情景："于是鹢首齐向，飘然羽轻，引长絙以观整，罗小艇以持平。"其中鹢首，指的是龙舟的船头，全部朝着一个方向。长絙是长绳，用来做起跑线用，让所有的竞渡的船都整齐排列，以保证比赛的公平、公正。张说的《岳州观竞渡》"鼓发南湖溠，标争西驿楼"还说明了比赛设定了起点和终点。中唐诗人张建封则以《竞渡歌》为题详细记述了一场龙舟竞渡的全过程："五月五日天晴朗，杨花绕江啼晓莺。使君未出郡斋外，江上早闻齐和声。使君出时皆有准，马前已被红旗引。两岸罗衣破晕香，银钗照日霜如刃。鼓声三下红旗开，两龙跃出浮水来。棹影斡波飞万剑，鼓声劈浪鸣千雷。"这里明确说明了龙舟竞渡是五月五日，天气晴朗，花儿盛开，黄莺在枝头鸣叫，景色迷人，诗人骑着马，赶到江边看龙舟竞渡，人还没到江边就已听到龙舟竞渡的喊号声，再看沿江两岸，穿着罗衣新装的姑娘们结伴为群，她们头上的银饰在阳光下发出霜刀一样的闪光，水中更是队队龙舟争先，浆在水里如剑一样翻动，锣声鼓声如千雷震响，想来这龙舟竞渡的场面与现代相比也毫不逊色。

紧接着，张建封的《竞渡歌》写道："鼓响渐急标将近，两龙望标目如瞬。"唐代时，有组织的龙舟竞渡"争标"是主要特点，"争标"即"夺标"，唐代龙舟竞渡的奖品一般是用一根竹竿插入水中，竿上挂奖品，每两条船抢一次标后，标竿上的奖品换一次。因唐代的奖品是用红布系挂于竿上，故称为“彩标”。据《资治通鉴》记载：“植标于中流，众船鼓楫竞进以争锦标。”《竞渡赋》说“建彩标而竞取。”由于这种彩标是两船相争就可以获得的，所以彩标上的奖品也只是锦彩、银碗、钱币之类，并不很昂贵。张建封的《竞渡歌》对龙舟争标的场面描写得很详细，当龙舟全速前进接近标竿时，“坡上人呼霹雳惊，竿头彩挂虹蜺晕。前船抢水已夺标，后船失势空挥挠。疮眉血首争不定，输岸一朋心似烧。只将输赢分罚赏，两岸十舟五来往。须臾戏罢各东西，竞脱文身请书上。吾今细看竞渡儿，何殊当路权相持。不思得岸各休去，会到摧车折楫时。”文中的“虹蜺晕”是指像虹辉一样的光彩，可惜已被前船抢走，失利的队员也是拼得头破血流，岸上的朋友也是心如火烧，为输掉比赛感到惋惜。最有趣的是“竞脱文身请书上”，比赛完毕，获胜队员将衣服脱下请郡长（张建封）书一个“上”字，以表示夺标获胜，因为夺得标旗的龙舟是相当荣耀的。诗人洋洋百字，生动地记述了一场龙舟竞渡，使自然景象的真切美好、龙舟竞渡的无穷魅力、奋勇争先的热烈气氛融为一体，让人拍手称绝，读来有一种身临其境之感。

从上述诗文可见，唐代龙舟竞渡已成为社会性的娱乐活动，不仅是民间的狂欢，也是节日的竞技了，人们在龙舟竞渡紧张的角逐中享受着胜利的欢娱与快乐。

文献资料法研究作业，请仔细阅读下面的文章，并完成问题回答。

（一）前言

在以前，人们印象中的龙舟竞渡只是节日庆典活动的点缀，但现在，已经今非昔比了。龙舟竞渡与龙舟精神已经超越时间、空间上的限制在当今中国有了更为深刻的内涵。端午节龙舟竞渡是中国传统的民俗活动，也被认为是最能体现中国传统文化的一项体育运动。龙舟竞渡在蓝天碧水中尽情地体现着人的力量与美感，在竞渡者的团结协作之中彰显着人们的狂热与激情。现如今，随着新时期中国的改革开放和人们观念的变化，龙舟竞渡得到很好的传承与弘扬。两年一度的长江三峡国际龙舟拉力赛已经被列入吉尼斯世界纪录，今天我们在中华民族的母亲河上进行的龙舟竞渡，也已经完全超越了纪念屈原含冤报国投江的意义，体现出的更是一种中国人民开拓进取、永不服输的精神。那么，如今龙舟有多热，一组简单的数字或许能够说明一些问题。

2006年全国龙舟月启动仪式暨中国岳阳汨罗江龙舟节期间，海峡两岸100余位专家学者、近200名知名企业和文化名人参加了龙舟节活动，现场观众超过了40万人，中央及省市30余家新闻媒体进行了现场报道，中央电视台国际频道《传奇中国节》栏目组对龙舟节开幕式进行了现场直播。量化的数字也许不能完全把龙舟运动开展的全貌展现出来，但不可否认的是龙舟运动正以它独特的魅力吸引着越来越多的人参与到这项运动中来。2007年，我们已经感受到新一轮的龙舟热潮正向我们迎面扑来。目前龙舟已经加入到亚洲竞技体育的大家庭中了，东亚运动会、东南亚运动会都已经将龙舟列为正式比赛项目。2010年，龙舟作为正式比赛项目出现在广州亚运会上，这为龙舟的发展提供了难得的历史机遇。那么，龙舟竞渡为什么有如此大的魅力吸引着越来越多的人们关注它、喜爱它、参与它呢？它所具有的古今文化密码是什么呢？有什么不同呢？这正是本文想解读的。

（二）研究对象与方法（略）

（三）研究结果与分析（简要观点）

1．龙舟竞渡是图腾崇拜的产物。

2. 从乐神到乐民使龙舟竞渡文化发生质的变化。

3. 纪念屈原为龙舟竞渡文化注入了新质。

4. 时代赋予龙舟竞渡文化现代转型的新使命。

（四）结论（略）

（五）参考文献

高等教育出版社《中国传统文化概论》[M]田广林主编2001年1月

请认真分析并回答下面的问题：

1. 论文题目要准确地表达论文的特定内容，恰如其分地反映研究的范围和研究深度。请给这篇文章写一个合适的题目。

2. 摘要是对论文内容的准确概括，应尽量反映论文的主要信息，内容包括研究目的、方法、成果和结论。请写出200字左右的文摘。

3. 你认为本文用什么研究方法合适？并说明理由。

4. 请从上文前言中找出本文的研究意义。

5. 请从上文前言中找出本文的选题依据。

6. 请从上文前言中找出本文的研究目的。

7. 请根据研究结果中的四个内容进行进一步的研究，给文章写一个结论，字数不限。

8. 参考文献写作的方法是错误的，请更正。

第七章　观察法

观察法是研究者通过感官或借助一定的科学仪器，根据研究目的，有计划地系统考察和描述研究对象，并搜集研究资料的一种方法。

一、观察法的特点与类型

（一）观察法的特点

1. 研究者必须根据研究目的或假设去搜集资料。

2. 科学的观察必须有系统、有组织地进行。

3. 科学的观察除了利用人的感觉器官，还经常借用科学工具将观察结果正确、详细地记录下来。

4. 观察结果必须是客观的、能被检验的。

（二）观察法的类型

1. 自然观察和实验室观察。根据观察场所的不同，观察法可分为自然观察和实验室观察。

自然观察是在实际的社会环境、生活环境中，如家庭、教室、操场等，对自然发生的事件和活动进行的观察。这种观察一般较少对观察的场所和对象进行控制。

实验室观察是在配有单向透镜、摄像机、录音机等设备的实验室中，给被观察者布置具体的任务，在较短的时间内对其进行的观察。

另外，还有介于两者之间的现场实验观察，即在日常的生活环境中，有意创设一些看似自然的环境，观察目标对象的反应。它集中了自然观察和实验室观察的优点，通过巧妙地操纵情境条件，可以在短时间内搜集到所需的较真实的资料。

2. 参与观察与非参与观察。根据观察者角色的不同，观察法可分为参与观察和非参与观察。

参与观察是观察者为了达到深入了解情况的目的，直接加入所观察的社会现象和社会生活中，成为其中的一员，以内部成员的角色参与他们的活动，并进行观察，搜集有关资料。依据参与程度的不同，又可分为完全参与观察与不完全参与观察。

完全参与观察是被观察者完全相信观察者是其中的一员，一点儿也不知道他是观察者。不完全参与观察是研究者参与全部活动，同时说明自己在做研究。

参与观察能获得相当深刻的个案资料，但是很难产生对总体的精确描述。

例如：2009年9月广西师范大学出版社出版的廉思所作的《蚁族——大学毕业生聚居村实录》和获得2010年度人民文学奖的梁鸿所作的《中国在梁庄》就是典型的用参与观察法研究写出的文学作品，可以认真阅读一下这两部著作。

实施参与观察分为5个阶段：

（1）进入观察现场。

（2）与被观察者建立友好关系。

（3）确定观察内容，制订观察计划，包括情景条件、人物活动、人际关系、目的动机。

（4）实地观察，做好观察记录。

（5）撤离观察现场，写出调查报告。

非参与观察是观察者不介入被观察者的活动中，尽量不引起注意，不影响观察对象，只是作为一个旁观者，观察研究对象的活动和表现。它是对事物表象的记录，不易深入，只能获得某些表面现象或公开行为的信息，实验室观察就是典型的非参与观察。

3. 结构观察和非结构观察

根据观察程序的不同，观察法可分为结构观察和非结构观察。

结构观察是按照事先确定的观察内容，运用标准化的观察程序，使用预先设计好的表格，在特定的时间和地点对目标行为进行记录的观察。其结果可用于定量分析和对比研究。这种方法又称为系统观察法。

结构观察的优点是：观察过程标准化，它对对象、范围、内容、程序都有严格的规定，一般不得随意改动；能得到较系统的观察材料，供解释和研究使用，而制订一个实用科学的观察计划是很不容易的。

结构观察的实施步骤如下：

（1）确定观察对象和观察内容。

（2）将观察内容具体化，做出详细的分类，确定观察的变量和指标。

（3）对观察记录进行统计整理和分析。

非结构观察是事先未制订严格的计划，只有概略的观察目的和要求，或大致的观察内容和范围，需要研究者依据现场的情况对事件和行为全面观察和记录的方法。非结构观察获得的资料较为零散，不系统不规范，受观察者个人因素影响较大，难以进行定量的分析和处理，一般仅用于研究对象和行为的定性描述。

例如表7-1是我们组织学生观察学生上体育课时学习情况的观察表，它就是采用的非结构观察。

表7-1　体育课堂对学生学习情况观察一览

授课教师：	授课时间：			授课年级：		
观课人员：	授课内容：					
内容	非常明显	比较明显	一般	不太明显	不明显	建议
1. 学生是否遵守课堂纪律						
2. 学生学习是否有积极性						
3. 学生是否对课堂有浓厚的兴趣						
4. 学生是否精力集中						
5. 学习气氛是否活跃						
6. 学生是否听从教师指挥						
7. 学生是否积极主动思考						
8. 学生是否主动探寻问题答案						
9. 学生是否发挥了学生学习的主体作用						
10. 学生与教师的关系是否融洽						
11. 学生是否团结协作						
12. 学生的技能学习是否有提高						
13、学生的身体是否得到全面的锻炼						

4. 直接观察和间接观察

根据观察时是否借助相关仪器，观察法可分为直接观察和间接观察。

直接观察是直接通过感官考察各种事件和行为表现，搜集研究资料的一种方法。例如，对体育课学生的运动负荷进行观察与测量。

运动负荷是指在一堂体育课中，学生做练习时所承受的生理负荷量。在一次体育课中构成生理负荷的因素有负荷量和负荷强度两方面。负荷量是指在一次体育课中完成有效练习的总时间、总次数、总重量、总距离。如：50米全程跑3次，立定跳远5次等。负荷强度是指练习时对机体刺激的程度，或做练习时用力的大小、机体的紧张程度。如：同一学生用9秒跑完50米与用11秒跑完50米，显然前者的强度更大。负荷量和负荷强度一般来说是成反比的关系。

体育课生理负荷的测定方法如下（目前常用的方法有三种）：

（1）观察法：一是观察学生做练习的表现，如通过完成动作的质量、控制身体的能力及做练习的积极性等方面判断生理负荷是否合适。二是观察学生生理反应，如通过面色、呼吸速度等分析学生生理负荷的大小。

（2）自我感觉法：即了解学生的自我感觉。自我感觉包括食欲、睡眠、对学习的兴趣以及练习后的主观感觉。

（3）生理测量法（脉搏测量）：

① 准备工作：熟悉教案，了解课程的任务、内容并组织教法。选择测量对象，男、女生各一名，体质适中。在上课前应向受测对象讲明测量的有关情况，使学生能主动配合测量。做好测量仪器、秒表等以及测量时所需仪器的准备和检查工作。

② 测量方法：A.课前测量安静状态的脉搏频率，一般在上课前5—10分钟测定。B.课中测量脉搏有两种方法，即：定时测量和练习前后测量。定时测量是每隔2—3分钟测量一次；练习前后测量是要及时地测出学生

在练习过程中，脉搏频率的最高点和最低点。C.每次测量的时间以10秒为宜。一节课测量脉搏的次数一般在20次左右。D.下课后，要测量学生脉搏的恢复情况（可分别测下课后3、5、7、10分钟的脉搏）。

③ 体育课生理负荷的统计：把每次测量10秒的脉搏次数合成每分钟脉搏次数。通过点计算或面积计算得出每分钟脉搏的平均值。

表 7–2 体育课学生脉搏测量

授课教师：	授课内容：	测定者：	测定时间：
受测人：	班级：	性别：	年龄：

课的环节	测定时间	测定时练习内容	脉搏次数（10秒）	备注

间接观察是通过一定的仪器设备，观察和记录研究对象的活动过程和行为表现，搜集有关资料的一种方法。例如，研究者通过监控设备观察在另一个教室学生上课的情况。

观察仪器促进了对复杂的行为变化过程和互动模式的微观分析，对音像资料的反复观察提高了行为描述的准确性、广度和深度。

上述四种分类中，各种不同类型的观察法之间都存在着一定的联系。例如，实验室观察通常是非参与观察，并且，常常采用结构观察的形式；参与观察显然是直接观察，并且，常常采用非结构观察的形式。

仿照下述一些观察，举例说明自己曾经对一些自然物品、社会环境、行为痕迹等事物进行的观察，以及间接反映了研究对象的什么状况和特征。

1. 观察一个国家运动员的运动服，间接反映这个国家的纺织水平、人民生活水平。

2. 通过间接观察中较有特色的损蚀物观察，如：体育摄影展中，一幅展品周围地面瓷砖的磨损程度，是否反映出作品受人喜爱的程度；图书馆中，一部体育书籍磨损的程度，是否可以判断该书的普及程度、读者的兴趣爱好或社会时尚问题。

3. 同样通过间接观察中的累积损蚀物观察，观察某些堆积物或积聚物，如：观察足球比赛结束后，看台上的垃圾堆积物或积聚物的卫生状况，间接反映市民的文明程度或精神风貌。

4. 物质表征也是对物质环境进行观察的一种重要方式，如：体育广告徽章短衫上的口号、球场草坪上的标语都有大量的这种表征；通过服饰、家具、生活方式反映出的社会地位更加微妙；根据草坪房屋的外观可以估计一个街区的社会地位状况。

当然，这种由物的痕迹来推论人的行为或思想倾向是不太可靠的，而且也很难进行客观检验，这种观察只可以作为研究的补充或辅助手段。

二、观察法的优缺点

观察法的最大优点是，可以实地观察现象或行为的发生，搜集的资料原始真实，能够得到观察对象不能直接报导或不便报导的资料；观察法简便易行，资料可靠。

缺点是，观察的事件有时是可遇不可求的，不是全部社会现象都能观察，通常观察者的活动会影响被观察者的活动，有时难免带有主观和片面性，缺乏系统性；观察结果不易量化处理，不易被重复验证，因此很难判断观察结果是否具有代表性或典型性，难以推论全局。

观察必须做到，提高观察者的观察能力；注意消除观察中的偏见，减少观察中的主观性和随意性；改善观察活动的组织来提高观察的信度和效度；利用现代化的观察工具。

三、观察研究计划制订的要素

（一）观察的目的任务。

（二）观察对象的选择。

（三）观察的内容（指标）。

（四）观察的时间地点。

（五）观察的方式类型。

（六）观察的仪器。

（七）观察的准备工作。

（八）观察的条件经费等。

请以下述内容为例，尝试制订一份观察研究计划。

2016年4月，中国城市改革与发展系列课题研究组到北京市槐房村进行观察研究。本次研究的主要目的是探讨体育功能、体育文化的社会化及体育运动在城市改革与发展中的战略地位。研究中，研究者观察了槐房村的建设情况，并对2012起槐房村就把体育文化和古代传统瑰宝文化融合，走出了一条农村城镇化特色之路给予了肯定；就槐房村新型城镇化进程中的产业与城镇融合发展、国际足球小镇的建设进行了交流；对槐房村的现代化、国际化、产业化等方面的发展进行了讨论；对槐房村的体育文化、足球小镇、冰雪谷等项目的建设提出了意见和建议；对槐房村免费模式探索体育消费零门槛、盘活旧厂房变废为宝，引进国外高端服务，为从供给侧改革出发解决地产发展问题提供新思路；通过专项基金带动基层足球的发展，进而成为围绕在体育产业链条上的所有行业的“助推器”。

四、观察法研究案例

（一）前言（略）

（二）研究对象与方法

1. 研究对象：中小学体育教学中合作学习的应用。

2. 研究方法：为了对中小学体育教学中合作学习应用的情况进行研究，我们运用观察法，对20节中小学体育教学中合作学习应用问题进行了观察、记录、分析与研究（研究内容有所删减），试图了解在中小学体育教学中，体育教师是如何应用合作学习的，以及教学实践中存在怎样的问题，以便为广大体育教师更好地理解和应用合作学习提供支持与帮助。

本研究选取观察的体育教学合作学习课的标准有四个：一是体育教学活动中必须使用合作学习；二是合作学习的时间不少于整堂课教学时间的30%；三是在体育教学过程中必须进行分组教学；四是要进行学习成果展示交流。

制定了中小学体育合作学习的观察指标，并对教学课中呈现的中小学体育教师合作学习的应用状况进行了观察、记录、分析与研究，观察的中小学体育教学合作学习课的基本情况见表7–3。

表 7-3　中小学体育教学中合作学习课的基本情况一览

序号	教学内容	年级	学校名称
1	跨越式跳高	小学五年级	重庆南岸区珊瑚实验小学
2	简单韵律操组合	小学六年级	河南省开封市第二师范附属小学
3	多足竞跑	小学	湖南省长沙市岳麓区裕湘小学
4	爬墙倒立与障碍跑	小学三年级	上海七宝明强小学
5	武术 —— 短绳	初中一年级	湖北省解放中学
6	轻器械健身操	初中	河南省安阳虹桥中学
7	健身拳	八年级	广东东华初级中学
8	有氧舞蹈	高中二年级	黑龙江省哈尔滨第三中学
9	啦啦操	高中	河北省唐山市开滦一中
10	定向越野与耐力跑	高中一年级	广东省珠海市香洲区湾仔中学
11	篮球分层教学	高中二年级	江西省南昌市江西师大附中
12	形体扇子舞	初中二年级	北京市第十二中学分校
13	障碍跑	小学四年级	西安市高新四小
14	障碍跑	初中二年级	西安市高新第一中学初中校区
15	篮球	初中二年级	西安市高新第一中学初中校区
16	障碍跑	小学二年级	西安市高新第二学校
17	跳高	小学四年级	西安市高新第二学校
18	篮球	初中一年级	西安市逸翠园中学
19	素质练习	小学四年级	西安市高新二小
20	障碍跑	初中一年级	西安市高新第一中学初中校区

（三）研究结果与分析

1. 中小学体育教学中合作学习内容的选择与安排的分析。通过对中小学体育教学中20节合作学习课的观察与分析，认为虽然简单的体育知识、体育技能的学习如果不采用合作学习，学生也能学好，但是如果采用了合作学习教学，教学效果会更好，例如轻器械健身操、有氧舞蹈、简单韵律操组合、啦啦操教学课中，体育教师带领学生学习、练习的有关健身操、街舞、啦啦操的分解动作以及篮球教学课中体育教师要求学生对运球上篮动作的反复练习等，虽然技术动作学习简单，学生以自身能力完全能够胜任，所需的仅仅是反复练习以达到技术动作熟练化，但合作学习提高了学生间的互动、互助、协同、整合、求新、辨析、评判、表现（展示）等素质，激发了学生的学习热情。

在决定使用合作学习后，教师还要根据学生对合作学习的熟悉程度、客观的外部条件进行设计与选择。在篮球分层教学中，体育教师将篮球技术能力水平较低的分成一大组，没有进行多人的合作学习，而是将2 — 3人合在一起进行大密度的篮球基础动作练习。即两名学生之间进行传接球练习，或者是一名同学运球进攻，另一名同学进行防守。通过这样大密度的练习，可以快速提高学生的篮球基本功，进而为后续的技术配合打下良好的基础。

2. 中小学体育教学中合作学习时间的分析。在本研究观察的体育教学合作学习的20节课中，合作学习的时间情况见表7–4。

表7–4　体育教学中合作学习时间一览

序号	教学内容	课堂教学时间	合作学习时间	比例
1	跨越式跳高	40分钟	19分钟	47.50%
2	简单韵律操组合	40分钟	14分钟	35.00%

续表

序号	教学内容	课堂教学时间	合作学习时间	比例
3	多足竞跑	38分钟	21分钟	55.26%
4	爬墙倒立与障碍跑	35分钟	21分钟	60.00%
5	武术——短绳	45分钟	23分钟	51.11%
6	轻器械健身操	45分钟	15分钟	33.33%
7	健身拳	39分钟	18分钟	46.15%
8	有氧舞蹈	45分钟	16分钟	35.56%
9	啦啦操	45分钟	20分钟	44.44%
10	定向越野与耐力跑	45分钟	24分钟	53.33%
11	篮球分层教学	45分钟	28分钟	62.22%
12	形体扇子舞	49分钟	36分钟	73.47%
13	障碍跑	30分钟	18分钟	60.00%
14	游戏——障碍跑	40分钟	22分钟	55.00%
15	篮球	37分钟	15分钟	40.54%
16	障碍跑	30分钟	16分钟	53.33%
17	跳高	30分钟	13分钟	43.33%
18	篮球	45分钟	18分钟	40.00%
19	素质练习	37分钟	17分钟	45.95%
20	障碍跑	40分钟	18分钟	45.00%

注：小学体育课时间一般为40分钟或30分钟，中学体育课时间一般为45分钟，由于各种其他原因，表7–4中有的课不满40分钟或45分钟，还有的超过45分钟。

从表7–4可见，形体扇子舞整节课为49分钟，而其中合作学习时间就占用了36分钟，达到73.47%。多足竞跑、爬墙倒立与障碍跑、武术——短绳、定向越野与耐力跑、篮球分层教学、游戏——障碍跑、障碍跑这7节课的合作学习时间都达到或超过50%，课堂上学生进行合作学习的时间较为充足。比例最低的是轻器械健身操，体育教学中合作学习时间只有33.33%，课堂上合作学习的时间较短。另外简单韵律操组合和有氧舞蹈体育教学中合作学习时间也较短，比例分别是35.00%和35.56%。

通过对上述体育教学中合作学习时间的观察分析，认为虽然目前国内外的学者对合作学习时间都没有提出具体的限制要求，因为不同的体育教学内容、不同的班级特点对体育教学中合作学习时间长短的要求也会不尽相同。但是，适当地对体育教学中合作学习时间给以明确的要求，可以提醒学生只有抓紧时间才能获得胜利，使学生在学习竞争中提高学习效率。

在体育教学中合作学习时，体育教师可以考虑给予学生更多的合作学习时间，国外学者通过课堂研究后，认为将50%左右的上课时间用于合作学习是合适的。当教学时间有限，体育教学的内容又较难的时候，可以将其中一些内容安排在课下（课外体育活动时），不占用课堂时间。

3. 中小学体育教学中合作学习目标制定的分析。体育教学中合作学习目标是小组合作互赖的指导基础和核心内容，是小组合作完成任务后教师评价、小组互评、小组自评的依据和标准。体育教师在实施合作学习目标时，首先应给各小组布置明确的、相对简单的学习任务，待学生掌握了基本的技术动作后，体育教师再提高难度，布置难度较高的任务。例如：在多足竞跑教学中，体育教师一方面根据学生练习“两人三足”竞走熟练程度的不断提高，进而增加难度，变为“五人六足”“十人十一足”的形式；另一方面，随着学生对“多人多足”竞走配合默契的程度越来越深，体育教师把竞走变为竞跑，进一步提高了协调配合的难度。随着体育教师的难度要求越来越高，学生的合作能力也会不断提升。在跨跃式跳高教学中，体育教师向学生提出了一系列环环相扣、层层递进的，具有启发性的问题，诱导学生开动脑筋进行有针对性的练习。

体育教师：你能用什么方法从栏架上面跃过去？比一比哪组同学的办法多？

学生通过认真学习和不断练习，基本掌握了跨跃式跳高的技术动作。

体育教师：教师给学生准备了挡板，如果能用跨跃式跳高的方法连续三次跃过原来的这个高度，就可以在栏架上加一块挡板，把这个高度提高一点。

在啦啦操、轻器械健身操、简单韵律操组合中，都是先由体育教师教给学生简单的分解动作后，再进行动作的整合、串联练习。在此基础上体育教师还要求学生运用自己所学的分解动作自行编排一套组合动作，这为培养学生合作交流能力，发挥自身特长提供了展示的平台。

（四）结论

1. 体育教师已经能很好地驾驭各种体育教学内容，能根据体育教学目标选择丰富适当的体育教学内容进行合作学习，提高体育教学效果。

2. 部分体育教师对于体育教学中合作学习时间的把握能力还需再提高，对学生完成学习任务时合作学习的时间还需明确提出要求，既要保证合作学习的时间充分，也要避免浪费教学时间。

3. 体育教师制定的合作学习目标明确，并有很好的发展提高性①。

① 杜俊娟，刘越超. 中小学体育教学中合作学习的应用研究. 中国学校体育热点问题研究报告[M]. 北京：化学工业出版社，2016：230—255.

第八章　问卷法

问卷法是调查法中的一种，是以书面形式，采用严格设计的问题，搜集研究资料和数据的方法。问卷法可以用来测量研究对象的多种行为、态度和社会特征等。

一、问卷的类型与结构

（一）问卷的主要类型

1. 自填问卷，由被调查者自己填答的问卷，研究者直接面对被调查者。自填问卷依据发送的方式又分为邮寄问卷和发送问卷。

2. 访问问卷，由访问员根据被调查者的口头回答填写的问卷，被调查者直接面对访问员。

（二）问卷的基本结构

1. 封面信。封面信是一封给被调查者的短信。它的作用在于向被调查者介绍和说明调查者的身份、调查的内容、调查的目的意义等。封面信的篇幅以两三百字为好，在问卷调查过程中具有特殊的作用。研究者能否让被调查者接受调查，并使他们认真如实地填写问卷，在很大程度上取决于封面信的质量。

在封面信中，首先要说明调查者的身份，或者通过落款来说明。除写清单位组织外，最好还能附上单位的地址、电话号码、邮政编码、联系人姓名等，这样能够体现调查的正式性，消除被调查者的疑虑。其次，要说明调查的大致内容和进行这项调查的目的。对调查内容既不能含含糊糊或不谈，也不能过于详细地谈，最好用一句话指出其内容的范围。对于调查目的，则应尽可能说明其对于整个社会，尤其是对于包括被调查者在内的人民群众的实际意义。最后要说明调查对象的选取方法和对调查结果保密的措施。在信的结尾，一定要真诚地感谢被调查者的合作与帮助。

2. 指导语。指导语是用来指导被调查者填写问卷的一组说明。可标有"填表说明"的标题，其作用是对填表的方法、要求、注意事项等做一个总的说明。问卷中每一个有可能使回答者不清楚的地方，都要给予一定的指导和说明。

3. 问题和答案。问题和答案是问卷的主体。问题从形式上看，可以分成开放式问题和封闭式问题；从内容上看，可以分成有关行为的问题、有关态度的问题和有关个人背景资料的问题等。

开放式问题就是不为回答者提供具体答案，而由回答者自由填答的问题。开放式问题的主要优点是，被调查者可以充分自由地按自己的方式发表意见，不受什么限制。因而开放式问题所得的资料往往较生动、丰富。但是，回答者填答开放式问题所花的时间和精力也较多。同时，开放式问题所得的答案往往只能进行定性分析，而难于进行定量的处理和分析。如：目前进行残疾人体育学科建设最需要开展的工作是什么？

封闭式问题就是在提出问题的同时，还给出若干个答案，要求被调查者选择一个作为回答。封闭式问题的优点是被调查者填写十分方便，对文字表达能力没有过高的要求，花的时间少，所得资料特别适于进行定量分析。缺点是失去了开放式问题的那种生动丰富的回答。封闭式问题只有备选答案全面的时候，才能有效地发挥其作用。

例如：同样是目前进行残疾人体育学科建设，你认为最需要开展的工作是：

A. 设立专门的残疾人体育学术组织

B. 制定激励机制，吸引更多优秀学者加入残疾人体育学科研究

C. 有效利用残疾人体育国际教育、研究交流平台，培养专业人员团队

D. 将残疾人体育作为课程纳入国家高等教育体育专业培养方案

E. 其他

根据开放式问题和封闭式问题的不同特点，把它们用于不同的调查中。在探索性调查中，常用开放式问题构成的问卷；而在大规模的正式调查中，则主要采用封闭式问题构成问卷。

从内容看，问卷中的问题可分成三类，第一类是有关行为或事实的问题；第二类是有关态度、意见、看法方面的问题；第三类是有关被调查者个人背景资料的问题。

4. 编码及其他资料。为了将被调查者的回答转换成数字，以便于输入计算机进行处理和定量分析，往往需要对回答结果进行编码。编码就是赋予每一个问题及其答案一个数字作为它的代码。编码一般放在问卷每一页的最右边。

二、问卷设计的原则与步骤

（一）问卷设计的原则

1. 明确问卷设计的出发点，考虑研究的需要，尽量为回答者回答问卷提供方便，减少困难和麻烦。

2. 明确阻碍问卷调查的因素，主观上的障碍是由被调查者心理上和思想上对问卷产生的各种不良反应所形成的障碍。客观上的障碍是由被调查者自身的能力、条件等方面的限制所形成的障碍。

3. 明确问卷设计时应考虑的各种因素，一份问卷的设计工作远远不只是列出一组问题，它还涉及许多在问卷上看不到的因素，并受这些因素的影响和制约。如调查目的、内容、样本的性质、资料处理分析方法、问卷的使用方法等。

（二）问卷设计的步骤

1. 探索性工作。先摸底，熟悉和了解一些基本情况，做一个非结构式访问。

2. 设计问卷的初稿。

3. 试用和修改。试用问卷初稿有两种方法。一是客观检验法。在正式调查的总体中抽取一个小样本，将30—100份的问卷初稿发放给他们，对他们进行调查，然后对问卷的回收率、有效回收率、填写错误、填答不全的情况进行分析和修改。二是主观检验法。将3—10份设计好的问卷送给该研究领域的专家、研究人员及典型的被调查者，请他们阅读和分析问卷初稿，进行评论。

三、问题及答案的设计

（一）问题及答案形式的设计

1. 填空式

学校的位置：________省/市________区（县）________镇（乡/街道）

2. 是否式（同意、不同意，真、假，是、不是等）

近1年内，学校是否开展了学生体质测试？

□是 □不清楚 □否

3. 单项选择式

贵校每次大课间活动的持续时间是：

□15分钟及以上 □20分钟及以上 □25分钟及以上

□30分钟及以上 □35分钟及以上

4. 多项选择式

贵校体育课因各种原因（天气、被挤占等）不能正常开课的比例是：

□低于5% □5%—10% □11%—15% □16%—20% □20%以上

不能正常开课的主要原因是（可多选）：

□天气 □场地被占用 □被其他学科挤占 □其他

5. 表格式

贵校领导在以下体育工作中做得怎样？

	5	4	3	2	1
问题	完全符合	比较符合	不能确定	不太符合	完全不符
按要求配足配齐体育教师	□	□	□	□	□
按要求配足配齐体育器材	□	□	□	□	□
力保体育课不受挤占	□	□	□	□	□
力保学生体质测试严格执行	□	□	□	□	□
力保学生每天锻炼1小时严格执行	□	□	□	□	□
力保体育教师待遇与其他学科教师一致	□	□	□	□	□
力保学校体育工作经费落实到位	□	□	□	□	□

（二）问题与答案的设计要注意的问题

1. 答案要具有穷尽性和互斥性，穷尽性是答案包括了所有可能的情况。例如，在所列出的若干个答案后面再加上一个“其他”类。互斥性是答案之间不能相互重叠或相互包含。

2. 要根据研究的需要确定变量的测量层次。

例如：你每月的工资收入是多少元？（具体数字）

你每月的工资收入在下列哪个范围中？（不同等级）

A. 3000元以下　B. 4000元　C. 5000元　D. 5000元以上

你的月工资收入属于下列哪一类？（免税界限）

A. 高于5000元　B. 低于5000元

3. 注意问题的语言及提问方式。

4. 问题的语言要尽量简单，避免复杂的、抽象的概念及专业术语。

5. 问题的陈述要尽可能简短。

6. 问题要避免带有双重含义。即在一个问题中，同时询问了两件事情，或一句话中同时问了两个问题。例如，社会环境和家庭环境对中学生的攻击行为会产生影响吗？

7. 问题不能带有倾向性。即问题的提法和语言不要对回答者产生诱导。例如，“你不经常参加体育活动，是吗？”应保持中立的提问方式，使用中性的语言，如，“你经常参加体育活动吗？”

8. 避免用否定形式提问。一般人们习惯于肯定陈述的提问。例如：人们习惯“你是否赞成中超足球的改革？”的问法，而不习惯“你是否不赞成中超足球的改革？”，“不”常会被人们漏掉。

9. 不要直接询问敏感性问题。本能的自我防卫心理会引起很高的拒答率，可采用间接、委婉的询问形式。

10. 相倚问题。有的问题只适用于一部分被调查对象，而一个被调查者是否需要回答这一问题，常常依据他对于该问题前的另一个问题的回答来定。这前一个问题叫作过滤性问题或筛选性问题。

如：你是等级运动员吗?

是的→请接着回答10—15题。

不是的→请跳过10—15题，直接从第16题接着回答。

11. 问题的数目和顺序。一份问卷中所包含的问题数目，应保证被调查者在20分钟内能顺利完成作答为宜，最多不超过30分钟。各种问题先后顺序的安排原则是:

（1）把被调查者熟悉的问题放在前面。

（2）把简单易答的问题放在前面。

（3）把能引起被调查者兴趣的问题放在前面。

（4）先问行为方面的问题，再问态度、意见、看法方面的问题，最后问个人的背景资料。

（5）开放式问题放在问卷最后。

四、问卷法的特点与适用范围

（一）问卷法的优点

1. 节省时间、经费和人力。

2. 具有很好的匿名性。

3. 所得的资料便于定量处理和分析。

4. 可以避免主观偏见，减少人为的误差。

（二）问卷法的不足

1. 回收率有时难以保证。

2. 要求被调查者具有一定的文化水平。

3. 问卷调查资料的质量常常得不到保证。存在调查环境是否良好，调查者是否在场，有没有代答、缺答、答错的情况等问题。

（三）问卷法的适用范围

问卷法在成分单一的总体中较适用。因为这个总体的社会背景、价值观念、行为习惯、生活方式等方面相同或相似的因素较多，可减少问卷设计和使用上的许多困难和麻烦。

五、专家评估法

专家评估法（德尔菲法，Delphi Technique）是通过向专家发放问卷搜集专家群体就某个研究主题的意见的方法。它不是面对面的交流，而是一种背对背的技术。研究者是专家之间交流的通道。

（一）专家评估法的应用步骤

第一步，研究者确定最初问卷发送的专家小组。最初的问卷除了包含预备性主题（如：解释题目的程序，争取参与者对项目的承诺等），还应提出根本性的问题以作为后面进一步讨论的基础。这些问题应当是开放性的，目的是让群体成员而不是研究者来定义相关建议的范围。

第二步，问卷回收后，研究者提出新的问卷。新问卷应当准确客观地总结群体成员最初的意见，同时提出更加聚焦的问题作为下一轮讨论的基础。新的问卷再次发给群体成员时，关于前一轮讨论的反馈应当确保匿名性。

第三步，如果群体成员的意见还可以进一步整合，那么“发放问卷，回收并总结，再发放问卷”这一过程至少需要两轮。

（二）专家评估法的适用情况

1. 虽然手头有相关的信息但决策只能依靠主观判断的问题。

2. 不可能进行面对面讨论的问题。

3. 人们想避免面对面讨论所带来的各种可能削弱群体决策效果的问题。

（三）专家评估法的局限性

1. 它要求参与者完成几轮问卷，如果群体成员很忙，问卷复杂或过长，就会影响专家评估法的有效性。

2. 专家评估的过程可能是昂贵和费时间的。

问卷设计案例：国家级青少年户外营地建设调查表

国家级青少年户外营地管理者：

您好！

我们是《国家级青少年户外营地建设与活动研究》课题组，现因对全国国家级青少年户外营地核查、评定、管理工作的需要，我们制定了本调查问卷，请您根据实际情况完成调查表的填写，对您的认真支持与帮助，我们表示诚挚的谢意。

《国家级青少年户外营地建设与活动研究》课题组

营地基本信息

营地地址：________________________________邮编：___________

营地名称：______________________________电话：___________

营地负责人：姓名_______ 手机号码：__________

姓名_______ 手机号码：__________

从营地到市中心的交通信息：__________________________________

一、青少年户外营地的基本条件

1. 营地占地总面积为

□ 10万平方米及以上　　□ 7万—9.9万平方米

□ 5万—6.9万平方米　　□ 3万—4.9万平方米

□ 1万—2.9万平方米

2. 营地建筑面积

□ 1万平方米　　□ 0.7万—0.9万平方米

□ 0.5万—0.6万平方米　　□ 0.3万—0.4万平方米

□ 0.1万—0.2万平方米

3. 营地拥有特色的景区（可以多选）

□ 山地　　□ 森林

□ 沙漠　　□ 园地

□ 湖泊　　□ 河流

□ 生态农业园　　□ 科技园

4. 从营地到最近的市区乘车需要的时间

□ 60分钟及以内　　□ 61—90分钟

□ 91—120分钟　　□ 121—150分钟

□ 151分钟及以上

5. 营地拥有中国登山协会青少年营地教练证书的教练有

□ 5人及以上　　□ 4人

□ 3人　　□ 2人

□ 1人

6. 营地建成已有

□ 3年及以上　　□ 2—3年

□ 1—2年

7. 营地平均每天接待

□ 5000人以上　　□ 4000—5000人

□ 3000—4000人　　□ 2000—3000人

□ 1000—2000人

8. 营地可容纳 ＿＿＿＿＿＿ 集群项目活动的开展

□ 10个及以上　　□ 7—9个

□ 5—6个　　□ 3—4个

□ 1—2个

二、营地的环境

9. 营地是否有草皮活动地面?

□ 有　　□ 无

10. 营地内是否有危害人员安全的潜在风险?

□ 有　　□ 无

11. 营地是否影响或更改了周边美丽的自然景观?

□ 是　　□ 否

12. 营地外既有的保护规则，在营地内是否同被遵守?

□ 有　　□ 无

13. 营地内的树木和灌木丛是否能够提供怡人的树荫及令人愉快的环境?

□ 是　　□ 否

14. 建筑物设计及色彩是否与自然景观相匹配?

□ 是　　□ 否

15. 营地内所有的设施及维修是否实用和便利?

□ 是　　□ 否

16. 进出营地的道路是否足够宽，可以让车辆会车行驶?

□ 是　　□ 否

17. 营地周围是否有安全的围篱设施?

□ 有　　□ 无

18. 营地入口处是否有可以关闭及上锁的栅门?

□ 有　　□ 无

19. 营地内道路是否平整，路基是否坚硬?

□ 是　　□ 否

20. 营地管理中心位于

□ 营地入口处　　□ 营地最佳视野处

21. 营地管理中心是否有营地地图?

□ 有　　□ 无

22. 营地入口处夜间是否有照明设施?

□ 有　　□ 无

23. 营地内深夜是否有适度照明可以使人员能轻易找到他们的营位?

□ 有　　□ 无

24. 营地门外是否有停车场?

□ 有　　□ 无

25. 营地入口处是否有告示牌?

□ 有　　□ 无

26. 如果有，告示牌上的内容有（可以多项选择）

□ 营地名称及等级　　□ 营地容量

□ 营地开放时间　　□ 价码

□ 营地规则　　□ 营地管理员姓名

□ 营地的地址与电话　　□ 管理员的地址与电话

□ 其他内容

27. 在营地内明显处是否有资讯公告

□ 有 □ 无

28. 如果有，公告牌上的内容有（可以多项选择）

□ 地区地图 □ 旅游资讯

□ 医疗院所的地址与电话 □ 警察机关的地址与电话

□ 药房的地址与电话 □ 邮局的地址与电话

□ 正规维修厂的地址与电话 □ 宗教服务机构的地址与电话

□ 营地节目的时间表 □ 旅游安排

□ 其他内容

三、营地的食宿条件

29. 营地住宿房间数量

□ 60间以上 □ 51—60间

□ 41—50间 □ 31—40间

□ 21—30间

30. 达到国家星级住宿的标准是

□ 四星 □ 三星

□ 二星 □ 一星

31. 营地食堂可容纳同时就餐的人数是

□ 200人以上 □ 151—200人

□ 101—150人 □ 51—100人

□ 31—50人

32. 营地是否有会议室?

□ 有 □ 无

33. 如果有，会议室面积在

□ $200m^2$以上　　□ $151m^2$—$200m^2$

□ $101m^2$—$150m^2$　　□ $81m^2$—$100m^2$

□ $51m^2$—$80m^2$

四、营地供水情况

34. 营区内能够提供每人每天的饮用水是

□ 30升及以上　　□ 30升以下

35. 营区内能够提供每人每天的一般用水是（卫浴及其他用途）

□ 30升及以上　　□ 30升以下

36. 每个供水处设施是否完好?

□ 是　　□ 否

37. 营区内四周每25个营位是否设置有取水龙头及排水孔和拦污设施?

□ 有　　□ 无

五、卫生设备

38. 盥洗室情况（可以多选）

□ 每10人提供一个脸盆（洗手台）

□ 每20人提供一个脸盆（洗手台）

□ 脸盆（洗手台）具备冷热水

□ 每个脸盆（洗手台）前有一面镜子

□ 每一个营位离最近的脸盆（洗手台）不超过100米

□ 盥洗室墙面及地板贴有瓷砖

39. 淋浴室情况（可以多选）

☐ 每25人有一间有冷热水的淋浴室

☐ 每50人有一间有冷热水的淋浴室

☐ 淋浴室中有小隔间

☐ 淋浴室中有隔离的更衣间

☐ 淋浴室的外门可从里面反锁，紧急时可从外面打开

40. 厕所情况（可以多选）

☐ 每20位男性和每15位女性提供厕所一间

☐ 每30位男性和每20位女性提供厕所一间

☐ 厕所男女分开，分别标示

☐ 配备瓷质马桶和足够卫生纸

☐ 必要时厕所门可从外面打开

☐ 使用者能在厕所内或玄关处洗手

41. 其他（可以多选）

☐ 在适当地点每50人设有一个电源插座

☐ 在建筑物内有一个提供冷热水的涮洗处

☐ 有专供儿童使用的厕所及洗脸盆（洗手台）

42. 共通要求（可以多选）

☐ 卫生间有完善的通风设备

☐ 白天采光良好，夜晚照明足够亮，室外照明安全

☐ 从户外看不到卫浴设备的使用者

☐ 厕所与洗脸台分开

☐ 墙面、瓷砖、屏风牢固、美观、可清洗

43. 卫生（可以多选）

☐ 垃圾桶充足，并加盖放置于隐蔽处

☐ 有传染性疾病发现及报告的措施与处理方法

□ 有关食品的品质、储藏方式及销售受到有关部门的监督

□ 有通俗易懂的卫生规定

六、急救情况

44. 为处理急救，营地是否提供充分的医药及设备？

□ 是　　　　□ 否

45. 近水营地是否有足量的救生设备？

□ 有　　　　□ 无

46. 在明显易取之处是否放置有灭火器，并附有操作说明？

□ 有　　　　□ 无

七、一般设备情况

47. 衣物的洗涤（可以多选）

□ 每25人提供一个有冷热水，用不锈钢或陶瓷制的洗衣槽

□ 提供有一个洗衣机及衣物晾晒的地方

48. 碗盘的洗涤，每25人是否提供一个有冷热水用不锈钢或陶瓷制的清洗台？

□ 是　　　　□ 否

49. 电器用品（可以多选）

□ 在隐秘的地点，免费提供熨斗及熨衣板

□ 吹风机若无法在一个特定房间内提供，应在一个独立地点设立，提供椅子

50. 是否提供公用电话亭？

□ 是　　　　□ 否

51. 商品中心（可以多选）

□ 提供营员所需的食品、卫生用品及日用品

□ 餐厅营业时间与营地一致

□ 另有场所让露营者自行烹煮

52. 烹饪设备提供，是否每25个营位有一个瓦斯或电器炉具？

□ 是 □ 否

53. 电源插座提供是否充足？

□ 是 □ 否

54. 您认为国家级青少年户外体育营地的发展前景怎样？

____

55. 您认为要想使国家级青少年户外体育营地走上可持续发展道路，最关键的问题或亟待解决的问题是什么？

____

问卷设计作业，请根据下述调查问题，对每个问题设计出合适的答案。

学校体育工作开展情况调查

尊敬的教师：

您好！为了推动学校体育工作健康持续发展，我们学生体质健康研究中心开展了此项调查，旨在从体育教师角度了解学校体育工作的开展情况。本次调查不涉及您个人的具体身份，我们保证调查结果仅作政策咨询和学术研究之用，恳请认真作答。

本问卷大约需要花费您10分钟的时间，对此我们表示歉意，并对您的支持表示诚挚的谢意，祝您工作愉快！

学生体质健康研究中心

填写说明：请在符合你校情况的答案前划"√"，或者在横线处填写符合你校情况的内容。

学校的位置：________省/市________区（县）________镇（乡/街道）

学校的性质：□省（市）重点校　□县（区）重点校　□一般学校

学校的法人性质：□公办学校　□私立学校

学校的层级：□小学　□初中　□高中　□完全中学

1.您所在学校是否设立了由校级领导牵头的学校体育工作领导小组？

____

2.学校体育工作领导小组中牵头的校级领导是：

____

3.校长对待学校体育工作的态度是：

____

4.学校领导在以下体育工作中做得如何？

（1）是否按要求配齐体育教师？

（2）是否按要求配齐体育器材？

（3）是否力保体育课不受挤占？

（4）是否力保学生体质测试严格执行？

（5）是否力保学生每天锻炼1小时严格执行？

（6）是否力保体育教师待遇与其他科教师一致？

（7）是否力保学校体育工作经费落实到位？

5.学校按要求需要体育教师的人数是_____人，实际体育教师人数是_____人，其中兼职体育教师的人数是_____人。

6.近1年内，学校体育教师接受培训（国培、省培、其他）的人数是_____人。

7.实际工作中，学生每天锻炼1小时的执行情况是：

____

8.周六、周日期间，学校体育场地向本校学生免费开放的情况是：

____

9.节假日期间，学校体育场地向本校学生免费开放的情况是：

____

10.学校体育场地满足学校日常体育工作（体育课、课外体育锻炼）的情况是：

____

11.学校体育器材满足学校日常体育工作（体育课、课外体育锻炼）的情况是：

____

12.学校每周开设体育课的节数是（40—45分钟为一节，60—90分钟的大课算两节）：

____

13.体育课因各种原因（天气、被挤占等）不能正常开课的比例是：

____

不能正常开课的主要原因是：

____

14.学校每周面向全体学生开展大课间体育活动的次数是：

____

15.每次大课间活动的持续时间是：

____

16.近1年内，学校是否开展了学生体质测试？

____

17.学生体质测试过程的规范情况是：

____

18.您对最近1次学生体质测试上报数据准确性的判断是：

____

再次感谢您的认真作答，祝您工作愉快！

第九章　访谈法

“访”是探望、寻求，“谈”是询问、追究。访谈法是研究者通过与研究对象的交谈来搜集有关数据资料的方法。访谈法最独特的优点是可以通过访谈搜集较深入的资料。

访谈是一个面对面的社会交往过程，比其他方法复杂，更难掌握，且费用较高，较费时费力。访谈可定量研究，也可定性研究，获得的资料更丰富。

一、访谈法的形式

根据访谈中访谈者和受访者的交流方式，访谈可以分为直接访谈和间接访谈。直接访谈是访谈双方面对面的交谈。间接访谈是访谈双方通过电话、网络等媒介进行的交谈。

根据一次受访者的人数，访谈可以分为个别访谈与团体访谈。

根据研究者对访谈结构的控制程度，访谈可以分为结构访谈、无结构访谈和半结构访谈。

（一）结构访谈

结构访谈又称为标准化访谈，它是一种对访谈过程高度控制的访谈。研究者事先对访谈的程序、内容、记录方式等做出统一的规定，对所有的访谈者均以统一的方式提问。结构访谈通常用于调查收集普遍性意见，评定某一特殊总体的行为、态度、偏好和意图等信息，并从中概括其特点。结构访谈的最大优点是能够对调查过程加以控制，从而提高调查结果的可靠程度。结构访谈由于能自由选择受访对象而大大扩展了调查范围。但是结构访谈所需费用高，耗费时间长。

结构访谈有时采用团体访谈的方式。在调查单位中，将被抽取到的受访者集中起来，由一个访谈员提出问题，并给每位受访者提供一个回答格式，告诉受访者怎样记录自己的回答，填写调查问卷。

（二）无结构访谈

无结构访谈又称为开放式访谈或自由访谈，它不是通过客观分析的方法把结果普遍化，而是主观地、洞察性地由个别事例概括出结论。无结构访谈通常只是给一个讨论的主题或范围，由访谈者与受访者围绕这个主题或范围进行自由交谈。无结构访谈最大的特点是自由度大，可以充分发挥访谈者与受访者的主动性。访谈的双方围绕主题，可以就有关的问题、事件、现象，从历史到现实，从原因到结果，从动机到行为，从个人因素到社会因素进行深入广泛的交谈和讨论。

无结构访谈的长处是弹性大，能发挥访谈双方的主动性和积极性。无结构访谈的局限是比较费时，从而使调查的规模受到限制，由于访谈过程是非标准化的，所以对访谈结果难以进行定量分析。因此，无结构访谈一般用于研究初期进行的探索性研究。

（三）半结构访谈

半结构访谈是既可以包含表达灵活的问题，也可以包含几个高度结构化的问题。

依据访谈的目的、内容和实施方法的不同，无结构访谈和半结构访谈还可以分为下述类型；

1. 重点访谈，又称集中访谈。是集中于某一经验及其影响的访谈。重点访谈中的重点不是指访谈对象的重点挑选，而是指访谈所侧重的内容。重点访谈的一个决定性因素是某一特定情景的提供，如何选择情景与研究目的有关。因为透过某种刺激，可使研究对象在情景上产生特殊的反应，研究者从这些反应获得信息并加以解释。

2. 深度访谈，又称临床式访谈。是为搜寻特定经验及其行为动机的主观资料所做的访谈，常用于个案调查。深度访谈一般是选择个人生活历史的某些方面向调查对象提问题，访问是机动的或结构松散的。

3. 客观陈述访谈，又称非引导式访谈。访谈者鼓励受访者把自己的信仰、价值观念、行为以及他所生活的社会环境客观地加以描述。在这种类型的访谈中，访谈者几乎完全依赖于插问。如："为什么?""还有哪些?"这类访谈意在了解被访者最深层的思想感情。客观陈述访谈是一种能让受访者发表意见的访谈，一种能使研究者直接接触受访者的观念、价值观或动机的访谈。

4. 座谈会。座谈会是一种团体访谈的方法，即将许多调查对象放在一起同时进行访谈。座谈会的最大特点是：存在访谈者与受访者、受访者之间的社会互动过程。座谈会的人数以5—7人为宜，最多不超过10人。受访者选择的原则是:（1）有代表性,（2）了解情况,（3）敢于发言,（4）相互之间应有共同语言。研究者事先拟定好访谈提纲，以避免某些权威人士的发言左右其他人。座谈会可采用两种方式：一是头脑风暴法。会议主持者不说明会议的明确目的，而只就某一方向的总议题，大家可以自由地发表意见，不对别人的意见提出批评与评价。二是反头脑风暴法。会议事先列出某方面的问题，大家自由地发表意见，而且必须对别人的意见展开批评与评价，以寻求解决问题的途径。

二、访谈的程序与技巧

（一）访谈的准备

根据访问内容确定适当的访问对象、工具、证件及介绍信。

（二）进入访谈

访问者的自我介绍，陈述来访目的，为什么进行这项研究，并请参与者支持与合作。

（三）访谈的控制

1. 从一个题目转向另一个题目。

2. 对问题追问。

3. 合时宜地发问与插话。把握问题的好坏、提问的方式、提问的时机。

4. 提问要注意保持中立态度，把握方向、主题焦点及时间上的顺序，使用语言要简单，问题提法与口气要恰当。

5. 控制表情与动作。不要毫无表情或心神不安。

6. 结束访谈。结束时可以说“我们的交谈就此结束，你还有什么补充吗?”“交谈使你疲倦了吗?”“我们有什么没谈到吗?”等，最后向受访者表示感谢。

（四）访谈记录与资料整理

对访谈内容当场进行记录或事后再进行整理。

（五）访谈中可能出现的困难

1. 受访者不想被录音。

2. 受访者太爱说话。

3. 受访者不爱说话

4. 受访者较难相处甚至是敌对的。

5. 受访者变得心烦意乱。

6. 受访者对问题表现不安。

三、访谈编码系统的建立

使用半结构访谈和无结构访谈常常需要对访谈资料进行编码，以抽取出关键的、有价值的信息。确立和使用可靠的编码系统是使访谈结果有意义的关键。编码系统必须足够灵活和普遍化，又必须足够具体和详尽。

四、访谈员的挑选与训练

（一）访谈员的挑选

要考虑性别、年龄、教育背景、地区、诚实与认真程度、兴趣与能力、勤奋负责程度、谦虚耐心程度等因素。

（二）访谈员的训练

研究指导者首先对访谈内容做简要介绍，然后阅读问卷，举行模拟访问，集体讨论，建立监督管理办法。

访谈案例一

2015年9月《环球杂志》对长安福特汽车有限公司总裁马瑞麟（来自加拿大，英文名Mann Burela）关于“通过足球提升企业形象”的访谈。

问：2015年8月31日，长安福特宣布成为2015—2019年中国足协中国之队主赞助商。长安福特为什么要赞助中国足球？

马瑞麟：赞助中国足球是长安福特履行企业社会责任的一项重要措施。我们的想法非常简单，就是怎样才能帮助中国年轻人，让他们更好地发展，为国家做出更大的贡献。什么事情能让他们为中国感到自豪呢？我们发现中国年轻人喜欢足球的太多了。有一次登机后飞机晚点，我发现很多人都在拿手机看中国足球比赛的现场直播。

问：长安福特是如何支持中国足球发展的？

马瑞麟：除了赞助中国之队，长安福特还是中超联赛的高级合作伙伴，并成功赞助了超级杯赛事，长安福特和各个俱乐部以及中超联赛之间建立起非常特殊、非常深厚的感情，所举办的开放日、培训活动、青少年项目等，也得到了中国球迷的支持。

问："长安福特"有哪些青少年项目？

马瑞麟：在支持青少年足球发展项目上，长安福特挑选了两支青少年队伍，让22名球员去英国阿森纳足球学校参加培训。两三周前，公司还举行了第二届长安福特"未来之星杯"选拔赛，明年将会再选出一些人去英国参加这样的培训。

问：赞助中国足球，除了履行企业社会责任，对提升企业和产品品牌有没有什么作用？

马瑞麟：中国每年有几亿人观看足球比赛，无论是中超联赛、国家队还是青少年队，都有许多粉丝。将"长安福特"品牌的推广活动与中国足球结合，可以让"长安福特"得到更加广泛的曝光与关注，极大地提升企业和品牌的形象。

访谈案例二

首都体育学院“教育部－联合国儿童基金会农村体育教育与体育活动”项目县区教育部门领导访谈问题。

1.“教育部－联合国儿童基金会农村体育教育与体育活动”项目为贵县学校体育工作带来了哪些益处？

2. 贵县体育教师参加了首都体育学院“教育部－联合国儿童基金会农村体育教育与体育活动”项目体育教师培训后，专职和兼职体育教师分别在师德修养与专业理念、专业技能知识、专业能力方面有哪些变化与提高？在体育课教学和课外体育活动方面又有哪些变化与提高？

3. 贵县的24位“种子”体育教师在培训结束后至今，“种子”作用的发挥如何？

如：“种子”体育教师是否已胜任为本地区体育教学与课外体育活动的指导工作（成为“导师”），能否为本地区农村体育教师提供即时、现场、持续的培训和适切、本土、持续的专业支持。

此次调研活动中，当地专家是否为“种子”体育教师，是或不是的原因是什么，介绍一下具体情况。

4. 对首都体育学院“教育部－联合国儿童基金会农村体育教育与体育活动”项目提供的专职和兼职体育教师指导手册、专职和兼职体育教师课程培训指南、体育教师课程培训手册、体育教师课程培训资源包如何评价？还有哪些建议与需求？

5. 贵县今年又举办了哪些中学、小学、专职、兼职体育教师的培训？培训内容及培训形式是什么？

6. 贵县今年又举办了哪些中学、小学的体育竞赛（如：运动会、参加省市级比赛）活动？还有其他形式的体育教研、科研活动吗？（如：观摩课、体育展示活动、体育科研研讨会等）

7. 贵县今年补充了多少新体育教师，学历怎样，能力如何?

作业：请模仿上述案例，完成一个访谈计划。

第十章　量表法

量表是适用于较精确地研究人们主观态度的测量工具，它由一组问题组成，用以间接测量人们对某一事物的态度或观念。态度是人们对社会事物具有一定倾向性的、内在的主观评价。态度具有感情色彩和潜在性，它是个人的复杂心理感受，因而，很难直接观测它。观念和信仰是更持久、更稳定的态度，它们涉及对人生、对世界的基本价值判断。意见则是不太持久、不太稳定的态度，它们是对于一些具体事物的评价和反映。意见和态度是表层的、感性的主观评价，而观念和信仰则是深层的、理性的价值倾向。

研究人的态度或观念并非易事，尤其是用直接询问的方式很难达到目的，这就需要采用间接的方式，如量表。

例如，一个人的人格是无法直接测量的，但可以将一些具体的指标，如情绪稳定性、外向性、开放性、相容性与责任意识等与人格相对应的外显变量制定成量表加以反映，以提高测量的可靠性。

一、量表的作用与类型

（一）量表的作用

量表是用多个问题来测量一个概念。一个量表实际上是一把“尺子”，它的作用在于精确度量一个较抽象的或综合性较强的概念，特别是度量态度和观念的不同程度或不同倾向。量表比单一指标或单个项目的测量能获得更多、更真实、更精确的信息，它能通过间接的方式衡量那些难以直接观测和客观度量的社会现象。形象地说，一个量表类似于一份考卷。

量表一般结构规整，填起来简单方便，便于进行量化的分析处理，但其获得的信息量相对较小，且很有可能出现虚假的填表者的反应。

（二）量表的类型

量表不仅测量人们的态度，还可测量人们的能力、智力、性格、素质、工作成绩、社会地位、生活水平等。根据这些可将量表分为态度量表、能力量表、智力量表、人格倾向量表等。

量表还可分为调查量表与测验量表。量表是一种测量工具，它同问卷一样都是一份问题表格，主要用于问卷调查和测验。问卷调查中使用量表的主要目的是精确了解总体的状况，它的分析重点是群体，而不是个人。测验中是要精确观测个人的某一特征（如智力、能力、成绩），它的分析重点是个人，因此，量表设计题目较多，效度要求很高。

如：教师教学质量评议表，就是一种调查量表，它的目的就是了解学生对某一个教师教学的意见和看法，是民意调查的一种方式。

1. 等级量表。等级量表是用量化的方式表示事物的程度的一种量表。等级量表的问题都是封闭式的，填表者要做的就是对问题进行简单的程度上的评定。如，等级量表中有一种总加量表，也叫利克特量表，它的形式就是给出一组问题，请填表者做出“非常不同意、不同意、不确定、同意、非常同意”五种回答，各种回答分别记为1—5分，这样根据每位填表者对各道题的回答分数得出一个总分，这一总分就能说明他的态度强弱或他在这一量表上的不同状态。下面举一个例子加以说明。

大学生心理健康调查量表（UPI）

《大学生心理健康调查量表》（UPI）是为了早期发现、早期治疗有心理问题的大学生而编制的精神卫生、人格健康调查表。该表于1966年由日本大学的心理咨询专家与精神科医生集体编制而成。1991年，由日本学生相谈学会会长松原达哉与我国清华大学心理咨询教师樊富珉翻译介绍到中国，是我国大学生心理咨询工作者于1993年修订的，是从国外引进且目前在我国普遍应用的一种大学生心理健康调查筛选量表。UPI主要以青年大学生为对象，可以了解大学生的苦恼、心理冲突、迷惘、焦虑、有无身心疾病、神经症、精神病等问题。该量表具有答题时间短、统计过程简单的优点，对于了解和掌握大学生心理健康状况，早期发现学生的心理问题，增强学生心理健康意识，并对部分同学提供及时的帮助和必要的心理咨询起着极其重要的作用。

表10–1　心理健康症状自评量表（SCL90）

问题	没有	很轻	中等	偏重	严重
（1）头痛					
（2）神经过敏，心中不踏实					
（3）头脑中有不必要的想法或字句盘旋					
（4）头昏或昏倒					
（5）对异性的兴趣减退					

续表

问题	没有	很轻	中等	偏重	严重
(6)对旁人求全责备					
(7)感觉别人能控制你的思想					
(8)责怪别人制造麻烦					
(9)忘性大					
(10)担心自己的衣饰不整齐及仪态不端正					
(11)容易烦恼和激动					
(12)胸痛					
(13)害怕空旷的场所或街道					
(14)感到自己的精力下降，活动减慢					
(15)发抖					
(16)感觉大多数人都不可信任					
(17)自己不能控制地大发脾气					
(18)经常责怪自己					
(19)感到孤独					
(20)别人对你的成绩没有做出恰当的评价					

注：注意评定的时间范围是“现在”或者是“最近一个星期”的实际感觉。

总加量表的制作程序是：

（1）根据所要测量的内容或变量，收集大量与这一内容有关的问题，然后初步筛选出一组问题（一般为10—30个）作为初步量表。

（2）确定问题的类别和计分标准。一般来说，正向提问与负向提问应各占一半，五级提问可用0—4分或1—5分。

（3）试调查。检查每道题的分辨能力。

（4）计算各题目的分辨力，保留分辨力较高的题目（一般为5—20个）组成正式量表。

2. 测评表。在考核和评价一个人的能力、素质和工作绩效时，通常是设计一份测评表。这种测评表类似于一份量表，它也是用一组题目来度量，然后通过各道题目的分数或总分来评价。将所有评定人的评分总数汇总起来，就能得出每项内容的平均分。评定人必须是对被考核者较熟悉的人。

例如：表10–2是我们在组织学生观察体育教师授课时对体育教师教学质量的测评表。

表10–2　体育教师教学测评表

授课教师：		**授课时间：**		**授课年级：**	
观课人员：		**授课内容：**			

	很好 5分	较好 4分	一般 3分	不太好 2分	很不好 1分	建议
（一）开始部分						
1. 简短明了的介绍						
2. 语言清晰、准确						
3. 对课程的期望值、情感行为的介绍						
4. 准备活动与基本部分关系紧密、有特色						
（二）基本部分						
1. 教学内容选择合理，有利于学生学习						
2. 教学重点突出，有利于难点的解决						

续表

	很好 5分	较好 4分	一般 3分	不太好 2分	很不好 1分	建议
3. 教学任务设定要适合学生发展水平						
4. 教学组织形式要合理						
5. 运用有效的展示						
6. 教师的提示和问题要合理、准确						
7. 运用间接性的指示策略提高学生学习效果						
8. 通过赞扬和鼓励增进学生的有效表现和努力						
9. 和学生要有眼神或动作方面的交流，并及时给予反馈						
10. 不同的学生使用不同的教学经验						
11. 设置的任务要使学生得到最大化的锻炼						
12. 合理地安排有效练习的时间						
13. 检查学生对技能或概念的了解						
14. 场地器材布置便于学生学习且安全						
（三）结束部分						
1. 放松有针对性，恢复效果好						
2. 简单、明确的小结与合适的结尾						
（四）其他						

二、测量的信度和效度

一个好的测量工具必须具有可靠和有效两个基本特征，可靠是指测量结果具有一致性或稳定性；有效是指能准确地测量到所要测量特性的程度。实际上，信度就是测量的可靠性，效度就是测量的有效性。

（一）测量的信度

1. 信度的定义。信度是指测量结果的一致性或稳定性，也即指测量工具能否稳定地测量所测的变量。或者说，信度是指使用相同研究技术重复测量同一个对象时得到相同研究结果的可能性。例如，体重秤不准，那就说明这种测量工具是不可信的。

大部分信度指标都用相关系数（r）表示，即用同一样本所得到的两组资料的相关系数作为测量一致性的指标，称为信度系数。信度系数高，表明测量一致性的程度高，测量误差少，如：r=0.90时，可以认为90%的差异来自测量对象本身的差别，10%来自测量误差，一般来说，$r \geqslant 0.80$，即可认为该测量具备了足够的信度。

2. 信度的类型。

（1）再测信度。用同一种实验，对同一群受试者，前后测验两次，再根据受试者的两次测验分数计算其相关系数，即得出再测信度。再测信度的优点是能提供有关测验结果是否随时间而变异的资料，但其缺点是容易受时间因素的影响。因此，前后两次测验相隔时间要适度。

（2）复本信度。如果一套测验有两种以上的复本，则可以交替使用，根据一个受试者接受两种复本测验的得分计算其相关系数，即可得复本信度。复本在题数、形式、内容及难度等方面都要一致。

（3）折半信度。在测验只能实施一次的情况下，通常采用折半法来估计测验的信度。将受试者的测验结果，按题目的单双数分成两半计分，再根据各人在这两半测验上的分数，计算其相关系数，即得折半信度。

（二）测量的效度

1. 效度的定义。效度是指测量工具测出变量的准确程度。例如，在一次体育课身体素质测试中，体育教师本来打算考察学生的腹肌力量，方法是让学生做一分钟仰卧起坐并计数，这就存在一个系统误差。即使前后两次测量的一致性很高，但测验并没有真正测量到学生腹肌力量的好坏程度，正确的方法应是让学生做一分钟“卷腰”动作并计数。

2. 效度的类型。

（1）表面效度，指该指标看起来是否能对某变量进行合理测量。例如，旷课的频数是测验学生学习态度的一个指标。

（2）标准关联效度，指某测量与外在标准相关的程度。例如，学校课间操是学校管理水平的镜子。

（3）建构效度，指某测量与其他变量相关的程度，也是变量之间的逻辑关系。例如，教师工作满意度与学校环境、学校领导、同事关系、生源质量、收入水平的关系。

（4）内容效度，是指测量在多大程度上包含了概念的含义。

在一般的研究中，评价效度还可以采用这样的方法：

① 选择了解这个研究的专家鉴定一下测量工具的效度，这称为经验效度。② 在研究以外寻找已经核实的资料进行比较。③ 采用逻辑检查的办法，检查测量工具是否测量了要测量的内容；检查研究资料中有无自相矛盾的地方。通常在设计问卷时安排一些可以相互检验的问题，通过检查对这些问题的回答是否自相矛盾来鉴别被调查者的回答是否可信、有效。

（三）信度与效度的统一

1. 可信并有效。

例如，用试课的形式选拔教师，信度很高，效度也很高。

2. 可信但无效。

例如，用短跑速度选拔体操运动员，即使信度很高，但效度很低。

3. 不可信但有效。

这是不存在的，因为信度是效度的必要条件。

4. 不可信也无效。

例如，有人说对有问题的学生，只要说服教育就一定是有效的，对此，我们很怀疑它的可信度和有效性。因为，作为教师常常发现，对于问题学生，说服有时效果较好，有时效果较差，有时甚至没有效果。其实，社会心理学研究早就发现，有许多因素会影响说服的效果，如说服者的权威性、论据的充分性、被说服者的情绪和自尊以及家庭教育、在什么场合下说服等都会影响说服的效果。所以，有人说没有教育不好的学生，只有不会教育的教师，这个论断，我们认为很值得商榷。

好的测量工具不仅需要高信度，也需要高效度，相对来说，效度更重要。效度的大小反映研究者的理论构思是否正确。

（四）影响信度和效度的原因

1. 研究者有“启发”或“暗示”，为避免此情况，可采用“双盲”实验研究。

2. 测量工具的语言不清楚、不通俗、有歧义，题量太多或太少。

3. 研究对象敷衍了事、轻描淡写或不如实回答。

4. 环境因素或其他偶然因素的影响，如资料的编码、登录、录入出现差错。

作业：请大家用以下焦虑自测量表做一下信度和效度检验。

表 10–3 焦虑自测量表

问题	是	否
（1）我觉得比以往变得更容易着急		
（2）我经常无缘无故地害怕		
（3）我心里容易烦乱或感到惊慌		
（4）我觉得我可能要发病		
（5）我总担心有什么不幸就要到来		
（6）我手脚发凉有时打战		
（7）我因头痛、背痛和脖子痛而苦恼		
（8）我容易疲乏		
（9）我经常坐立不安		
（10）我觉得心脏跳得很快		
（11）我为一阵阵头痛而苦恼		
（12）我曾昏倒过或者有要昏倒的感觉		
（13）我感到手脚麻木和刺痛		
（14）我感到胸闷气短		
（15）我因胃病、胃胀消化不良而苦恼		
（16）我越紧张就越想小便		
（17）我手脚经常是凉的		
（18）我经常脸面发热		
（19）我一直入睡较困难		
（20）我常做噩梦		

回答“是”，每题得1分，回答“否”，不得分。5分及以下，焦虑很轻，别挂在心上；6—10分，焦虑较重，注意放松；11分及以上，焦虑很重，应及时进行心理咨询。

量表法研究案例：拓展训练对大学生社会适应能力作用的研究

一、前言

社会适应能力是在适应社会环境过程中所表现出的能力，其能力体现在能够调节内外环境的变化，使个体与社会环境能达成协调统一的状态。社会适应能力是一个人心理综合能力的体现，主要表现在心理优势感、心理能量、人际适应性与心理弹性4个方面。心理优势感是一个人有良好的自我概念；心理能量是指人的活力、动力和能力；人际适应性是与他人达到协调统一的状态；心理弹性是个体面对压力情境时所需要的素质。

目前，北京大学、中国地质大学、清华大学、北京师范大学、北京第二外国语学院等已经把拓展训练作为体育课的学习内容了。为此，本文运用大学生社会适应能力诊断量表对2007年3—4月参加拓展训练的北京大学和中国地质大学两所高校的大二学生共82人进行了社会适应能力诊断的学习前测和后测。通过对前测和后测结果的分析，对拓展训练是否能够促进社会适应能力的发展进行了理论分析。

二、研究对象与研究方法

（一）研究对象

拓展训练对大学生社会适应能力的作用。

（二）研究方法

1. 量表法

本论文采用《大学生社会适应能力诊断量表》对2007年3—4月在北京大学和中国地质大学参加体育选修课拓展训练的大学二年级的学生进行

测验，北京大学有40人，其中男生30人，女生10人；中国地质大学有42人，其中男生22人，女生20人，共计82人。每周上2学时的课，为了避免大一、大二、大三、大四学生之间存在的差异，选择了大学二年级的82名学生进行了两轮前测和后测。

《社会适应能力诊断量表》由北京师范大学郑日昌教授主编，1999年由山东教育出版社出版，该量表已经得到广泛运用。该量表是一个单数题和双数题进行正反向测试的表。该量表的计分办法为：在1、3、5、7、9、11、13、15、17、19题中选（A. 是）的得−2分，选（B.无法肯定）的得0分，选（C. 不是）的得2分。相反，在2、4、6、8、10、12、14、16、18、20题中选（A. 是）的得2分，选（B. 无法肯定）的得0分，选（C. 不是）的得−2分。最后统计每个学生的总得分（正负分相加），将其分为社会适应能力很强（35—40分）、社会适应能力良好（29—34分）、社会适应能力一般（17—28分）、社会适应能力较差（6—16分）和社会适应能力很差（5分及以下）五个等级。

下面是社会适应能力诊断量表，请对以下问题用“A. 是，B. 无法确定，C. 不是”进行回答。

（1）我最怕转学或转班级，每到一个新环境，我总要经过很长一段时间才能适应。( )

（2）每到一个新的地方，我很容易同别人接近。( )

（3）在陌生人面前，我常无话可说，以致感到尴尬。（ ）

（4）我最喜欢学习新知识或新学科，它给我一种新鲜感，能调动我的积极性。( )

（5）每到一个新地方，我第一天总是睡不好，就是在家里，只要换一张床，有时也会失眠。( )

（6）不管生活条件有多大变化，我都能很快习惯。( )

（7）越是人多的地方，我越感到紧张。（ ）

（8）在正式比赛或考试时，我的成绩多半不会比平时练习差。（ ）

（9）我最怕在班上发言，全班同学都看着我，心都快跳出来了。（ ）

（10）即使有的同学对我有看法，我仍能同他（她）交往。（ ）

（11）老师在场的时候，我做事情总有些不自在。（ ）

（12）和同学、家人相处，我很少固执己见，乐于采纳别人的看法。（ ）

（13）同别人争论时，我常常感到语塞，事后才想起该怎样反驳对方，可惜已经太迟了。（ ）

（14）我对生活条件要求不高，即使生活条件很艰苦，我也能过得很愉快。（ ）

（15）有时自己明明把课文背得滚瓜烂熟，可在课堂上背的时候，还是会出差错。（ ）

（16）在决定胜负成败的关键时刻，我虽然很紧张，但总能很快使自己镇定下来。（ ）

（17）我不喜欢的东西，不管怎么学也学不会。（ ）

（18）在嘈杂混乱的环境里，我仍然能集中精力学习，并且效率较高。（ ）

（19）我不喜欢陌生人来家里做客，每逢这种情况，我就有意回避。（ ）

（20）我很喜欢参加社交活动，我感到这是交朋友的好机会。（ ）

2. 统计法

将回收的量表的所有数据录入计算机，采用SPSS统计软件进行常规的统计处理。将前测和后测的数据采用配对t检验，以检验拓展训练学习前后是否具有差异性，差异性越大，说明拓展训练对参加拓展训练学生的心理健康和社会适应能力的影响越大。

三、研究结果

（一）本研究教学实验内容与教学步骤

1. 教学实验内容

通过编创队名、队训、队歌、队徽、队旗，选举队长、队副、旗手等活动内容，建立团队文化，并使学生之间打破陌生的隔阂，以最快的速度相互熟悉起来。严格按照以上6个要求选择了10个教学实验项目内容，这10个教学实验项目内容的名称及教学目标见表10–4。

表10–4　教学实验项目内容与目标

实验项目内容	教学目标
1. 信任背摔	第一，培养团队内部的相互信任；第二，增强学员挑战自我的勇气；第三，发扬团队精神，互相帮助；第四，培养学员换位思考的意识；第五，感悟制度的制定与保障对完成任务的价值
2. 电网	第一，培养学员合理计划、有效组织、统一行动、亲密协作的意识；第二，增强学员充分利用资源和对资源的配置能力；第三，认识合理分工与服从组织安排的重要性；第四，培养团队的科学决策方法和严谨细致的工作作风；第五，使学员认识到合理节约时间的意义和作用
3. 空中单杠	第一，克服恐惧，勇往直前，挑战自我，激发潜能；第二，以积极的心态去争取和获得机会；第三，面对困难时的互助精神；第四，掌握目标管理与控制的成功经验
4. 盲人方阵	第一，培养团队成员的沟通意识，提高沟通技巧和决策能力；第二，感受特殊情境下完成任务的合作方式；第三，了解团队领导人的领导风格对完成任务的影响和重要作用；第四，培养学员科学的思维方式和对知识的运用能力；第五，使学员理解角色定位及尽职尽责地完成本职工作的重要性；第六，理解“失与得”的辩证关系

续表

实验项目内容	教学目标
5. 高空断桥	第一，克服恐惧，勇往直前，认识自我，战胜自我；第二，自我说服与自我激励，认识鼓励他人和获取鼓励的重要性；第三，面对困难时的互助精神，培养团队意识；第四，从群体至团队的培养，了解学员的挑战顺序与团队内部组织方法的关系；第五，认知心态对行动的影响，学会缓解心理压力
6. 求生墙	第一，提高危急时刻的生存技能；第二，培养团队内部及团队之间的凝聚力；第三，民主、有效讨论，合理、快速决策；第四，认同差异，合理分工，学习最优配置资源
7. 孤岛求生	第一，培养层级之间、部门之间以及不同角色人员进行有效沟通的能力；第二，领导艺术与领导力的学习；第三，突破思维定势，培养创新与风险意识
8. 高台演讲	第一，培养在公众面前的语言表达能力；第二，培养时间的掌握和感觉能力；第三，培养对主题任务的全面掌握和分配能力；第四，培养学习和倾听的能力
9. 雷阵	第一，提高组织纪律性；第二，学习合理利用工具的方法；第三，突破思维定势，进行创新；第四，学会认真倾听
10. 泰坦尼克号	让学生体验在紧急情况下，应如何计划行动，如何与人合作以及如何有效地利用有效资源

2. 教学步骤与方法

拓展训练的教学分为三个部分，教学步骤与方法见表10–5。

表 10–5　教学步骤与方法

部分	步骤与方法
准备部分	一、各关节充分舒展，身体发热，微微出汗。 二、向学生宣布在实施过程中，教师不回答任何问题，让学生自己完成，提醒学生认真听。 （注：学生身着运动衣）

续表

部分	步骤与方法
基本部分	一、向学生介绍项目名称、任务及规则。 二、强调保护措施及注意事项。 三、宣布完成此项目所用时间。 （注：各个项目所需时间不同）
结束部分	一、回顾，将帮助受训者消化、整理、提升训练中的体验，以便达到活动的具体目的。 二、总结，使受训者能够将培训中的收获迁移到工作和学习中，最终实现整体的培训目标。 （注：回顾与总结所需时间根据需要而定）

各个实验项目教学步骤与方法基本相同，现以高空断桥项目为例，呈现具体的教案一份，见表10–6。

表 10–6　高空断桥教案

部分	时间	教学内容	组织方法
准备部分	20分钟	一、游戏：贴人游戏 二、徒手操 1. 头部运动 2. 肩部运动 3. 腰部运动 4. 膝部运动 5. 腕踝关节运动	队形
基本部分	40分钟	情景设计：在特定（距离地面七八米的高空，有保护）的环境中，你是怎样克服自己的恐惧心理的？ 项目布置：挑战者穿戴好保护装备登上七八米高的铁梯，底下有队员对其做好保护，保证绝对安全。挑战者从一块跳板上跨到对面另一块跳板上，两块板距离约1米	教师召集学员至场地宣布项目名称和进行方式。要求挑战者勇敢跃出；讲解器材的使用：安全带、安全帽、上升器、8字环等的使用；要求全体完成，跃出前要将起跳脚探出脚尖，再将保护绳向前打，然后跃出；挑战者到桥上先站稳，然后由教练为其扣上保护绳铁锁，再摘去上升器铁锁；开始，全体鼓励

续表

部分	时间	教学内容	组织方法
结束部分	30分钟	引导讨论：第一：对比看别人做与自己站在桥上的感受；第二：突破心理障碍瞬间的感受和过程；第三：突破心理障碍与发挥自身能力甚至潜能，与抓住机遇，获得成功之间的关系，体验相互理解和鼓励的重要性；第四：结合实际，进行讨论	大家围成一个圈，鼓励大家踊跃发言，教师引导

拓展训练中常听到的一句话是："不是你不能，只是你不敢，不是你的能力问题，而是你的心理问题。"训练中你要面临各种各样的困难，挑战极度的心理恐惧。在高空断桥这个项目中要求学生在七八米高的地方从一块木板跳到另一块木板上。任何人站到上面都会感到恐惧，在这种特定环境中能否及时调整心态，控制自己的情绪，果断、勇敢地跨出一步，将是你获得成功的关键。这个项目给学员留下最深的感悟就是："断桥一小步，人生一大步"。它能让你懂得当你拥有了果断、自信、敢为的良好心理素质后，面对任何困难和危机都会迎刃而解。

拓展训练中，学生通过完成一些特定的任务来懂得这样一个道理：做任何事情，心态将是能否获得成功的关键。因为心态决定思想，思想影响行动，行动将导致最后的结果。面对一个任务、一个困难，心态是积极的，脑海中就会涌现出很多解决这个困难的方法。相反，心态是消极的，脑海中将会产生数个你无法完成这个任务的理由。拓展训练中很多项目的培训目标就是要告诉人们对待任何事情都要保持积极向上的心态。告诉人们积极的心态将是获得成功的原动力。

（二）大学生社会适应能力测量前测和后测的结果与分析

1. 大学生社会适应能力测量前测结果与分析

表 10–7 大学生社会适应能力测量前测结果（N=82）

类别	人数	百分比（%）
第一类：社会适应能力很强（35—40分）	1	1.22
第二类：社会适应能力良好（29—34分）	5	6.10
第三类：社会适应能力一般（17—28分）	19	23.17
第四类：社会适应能力较差（5—16分）	30	36.59
第五类：社会适应能力很差（4分及以下）	27	32.93

表 10–8 大学生社会适应能力前测与后测单数题选“是”人数比较（N=82）

问题	前测选“是”人数	后测选“是”人数
1. 我最怕转学或转班级，每到一个新的环境，我总要经过很长一段的时间才能适应	11	0
3. 在陌生人面前，我常无话可说	26★	0
5. 每到一个新地方，我第一天总是睡不好，就是在家里，只要换一张床，有时也会失眠	22★	3
7. 越是人多的地方，我越感到紧张	21★	2
9. 我最怕在班上发言，全班同学都看着我，心都快跳出来了	20★	1

续表

问题	前测选“是”人数	后测选“是”人数
11. 教师在场的时候，我做事情总有些不自在	31★	7
13. 和别人争论时，我常常感到语塞，事后才想起该怎样反驳对方，可惜已经太迟了	34★	7
15. 有时自己明明把课文背得滚瓜烂熟，可在课堂上背的时候，还是会出差错	20★	11
17. 我不喜欢的东西，不管怎么学也学不会	11	5
19. 我不喜欢陌生人来家里做客，每逢这种情况，我就有意回避	31★	13

注：单数题选“是”，得−2分，意味着该项社会适应能力差。★是选择人数在20以上的题。

表 10-9　大学生社会适应能力前测与后测双数题选“不是”人数比较（N=82）

问题	前测选“不是”人数	后测选“不是”人数
2. 每到一个新的地方，我很容易同别人接近。	15	1
4. 我最喜欢学习新知识或新学科，它给我一种新感觉，能调动我的积极性	8	0
6. 不管生活条件有多大变化，我也能很快习惯	16	1
8. 在正式比赛或考试时，我的成绩多半不会比平时练习时差	15	4
10. 即使有的同学对我有看法，我仍能同他（她）交往	9	4

续表

问题	前测选“不是”人数	后测选“不是”人数
12. 和同学、家人相处，我很少固执己见，乐于采纳别人的看法	6	2
14. 我对生活条件要求不高，即使生活条件很苦，我也能过得很愉快	9	4
16. 在决定胜负成败的关键时刻，我虽然很紧张，但总能很快地使自己镇定下来	12	4
18. 在嘈杂混乱的环境里，我仍然能集中精力学习，并且效率较高	26★	5
20. 我很喜欢参加社交活动，我感到这是交朋友的好机会	11	3

注：双数题选“不是”，得-2分，意味着该项社会适应能力差。★是选择人数在20以上的题。

根据表10-7可知，大学生社会适应能力较差和社会适应能力很差者共占所测量人数的69.52%，显然大大超过了社会适应能力很强、良好和一般的人数，不符合一般人群中社会适应能力较差和很差者是少数，社会适应能力良好和一般者是绝大多数的正态分布理论。进一步的访问调查发现，原来这82名大学生中，有38人自认为自己的社会适应能力较差，需要学习和锻炼，占测量样本的46.34%，他（她）们从杂志、报纸、广播等渠道了解了参加拓展训练有助于大学生的社会适应能力的提高，加上他（她）们自己有同学参加过拓展训练的学习，或观看过拓展训练课，所以他（她）们是有明确目的地选修体育拓展训练课。

表10-8和表10-9反映出这些学生在心理优势感、心理能量、人际适应性和心理弹性上明显不足的问题。

2. 大学生社会适应能力测量后测结果与分析

表 10–10　大学生社会适应能力测量后测结果（N=82）

类别	人数	百分比（%）
第一类：社会适应能力很强（35—40分）	2	2.44
第二类：社会适应能力良好（29—34分）	20	24.39
第三类：社会适应能力一般（17—28分）	50	60.98
第四类：社会适应能力较差（5—16分）	10	12.20
第五类：社会适应能力很差（5分以下）	0	0

从表10–10可见，经过拓展训练的学习后，大学生社会适应能力很强和良好的人数大大增加，从前测的6人增加到了22人，从7.32%提高到26.83%，提高幅度接近20%；大学生社会适应能力一般的人数从前测的19人增加到了50人，从23.17%上升到60.98%；而大学生社会适应能力较差的人数大大减少，从前测的30人减少到了10人，从36.59%下降到12.20%；大学生社会适应能力很差的人数，从前测的27人减少到了0人，从32.93%下降到0。结果比较乐观，从图10–1可更直观地反映出来。

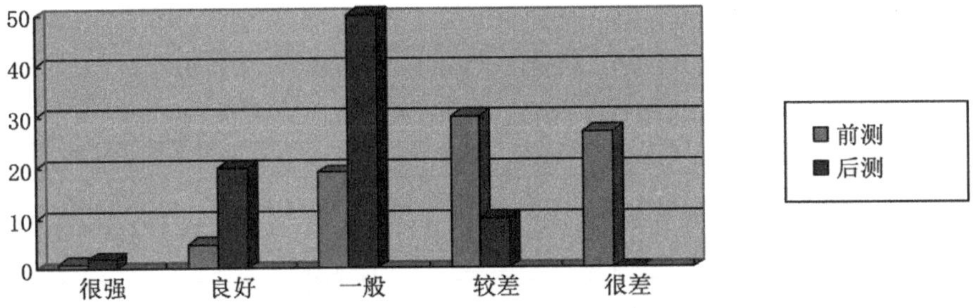

图 10-1 大学生社会适应能力测量前测与后测结果人数的比较

那么，大学生社会适应能力前测结果与后测结果是否具有显著性差异呢？为此，做了配对的t检验，见表10-11。

表 10-11 大学生社会适应能力前测结果与后侧结果的配对 t 检验（N=82）

社会适应能力	平均数	标准差	显著性（双尾）
前测得分	10.8293	11.72083	.000
后测得分	24.6585	6.42568	

从表10-11可见，大学生社会适应能力前测的平均分是10.8293，后测平均分是24.6585，前测标准差是11.72083，后测标准差是6.42568，平均分提高意味着社会适应能力较差和很差者减少了，而社会适应能力很强、良好和一般者增多了。前测结果与后测结果的配对t检验为P=.000，表明此结果在100%的水平上具有显著差异，说明这些大学生在参加了拓展训练后，社会适应能力水平确实有所改进与提高。从表10-8和表10-9大学生社会适应能力前测和后测结果的比较上，可以看到，单数题选“是”的人数和双数题选“不是”的人数大大降低了，从人数下降的幅度之大可见拓展训练的有效性。

为什么参加了拓展训练后，这些大学生的社会适应能力会发生如此大的变化呢？这是因为，拓展训练对大学生的社会适应能力具有如下的强烈作用：

（1）参加拓展训练可以培养大学生的团队协作意识。在现代社会中靠一个人“打天下”的时代早已过去，成功需要合作，需要团队中每一个成员积极默契地相互配合。拓展训练中有很多需要团队协作才能完成的项目，例如，“信任背摔”、穿越“死亡电网”“空中单杠”等项目能让学生在参与中体会到团队协作的重要性。一个人的力量是很有限的，可当融入团队后，如果每个人都能发挥自己的优势，那么整个团队就能发挥1+1>2的力量，从而完成个人不能完成的任务。而培养学生的团队合作精神，提高人际交往的意识和技能，使学生学会处理好合作与竞争的关系，也可以提高学生的社会适应能力。

（2）参加拓展训练可以培养大学生良好的沟通和社交能力。培养良好的语言表达能力和沟通技巧是拓展训练的重要内容。拓展训练中有很多项目是要求在看不见或听不到的情况下共同来完成一项任务的。例如，“盲人方阵”这个项目要求十几个人在规定的时间里把一捆杂乱无章的绳子拉成一个正方形，并且所有的人要平均分配在四条边上，整个过程所有的学生都要蒙上眼睛。在这种情况下需要与其他人进行沟通，倾听别人的想法，阐述自己的观点，最终团队意见要达成一致来完成任务。项目进行中个人与个人、个人与集体间不断进行交流，怎样在嘈杂的环境中让同伴清楚地知道你的想法，怎样说服同伴采纳你的建议，这将是对你的语言表达能力和社交能力最大的考验。

（3）参加拓展训练有利于启发想象力与培养创新精神，提高解决问题的能力。拓展训练中的很多项目都是为培养学生的创新精神而设计的，例如“扎筏”“生死网”“雷阵”等。学生没有在书本上学到过这样的知识，没有人教他怎么做，要完成这些任务只能靠自己，挖掘他的想象潜能，发挥他的创造力和实践动手能力。在完成任务的过程中他会发现，他的想象力是那么丰富，动手能力是那么强。

（4）拓展训练实行分组活动，强调集体合作。无论是集体项目还是个人项目，都力图使每一个学生竭尽全力为集体争取荣誉，同时从集体中汲取巨大的力量和信心，在集体中显示个性。同时，拓展训练又是一个自我教育的过程，教师在课前把项目的内容、目的、要求以及必要的安全事项向学生讲清楚后，活动中一般不进行讲述，也不参与讨论，充分尊重学生的主体地位和主观能动性。即使在课后的总结中，教师也不做滔滔不绝的发言，只是点到为止，主要让学生自己来讲。这样，对活动的操作、体验和总结，都由学生自己独立完成。通过项目体验，让学生自己更加了解自己，从而正确地评价自己。这些都有助于大学生社会适应能力的发展与提高。

当然，一个人心理的变化是一个长期的过程，三个月的实验研究可能会对一个人产生一些影响，但相对于长期的研究来说，影响程度会有所不同。由于本研究只是一篇硕士学位论文，受研究时间、条件等因素的限制，没有办法进行更长期的跟踪研究，这方面的不足有待于后来者不断完善。

总之，拓展训练是一种学习模式的突破，已受到越来越多大学生的喜爱。随着我国开展拓展训练的大学越来越多，随着拓展训练合格教师的不断增多、学校资金投入与场地建设的不断完善，拓展训练受学生欢迎的程度也会越来越高，这将使拓展训练课程的开展更加丰富多彩，具有更大的发展空间。

四、结论

经过拓展训练的学习后，大学生社会适应能力很强和良好的人数大大增加了，而大学生社会适应能力较差的人数大大减少。可见，拓展训练对大学生社会适应能力的影响也是良好的，有很好的现实意义[①]。

① 程硕．拓展训练对大学生心理健康和社会适应能力影响的研究[D].北京：首都体育学院，2007.

第十一章　测验法

测验法是以间接的方式搜集个人的态度、人格结构和心理行为等方面资料的方法。它是一种标准化的程序，在这个程序里，受测人对一组预先设计好的刺激做出反应，这些反应能够使测验者以一个数或一组数来描写受测者，并由这个数或一组数推论受测者对这个测验测量的心理行为的状况。

一、测验的类型

测验方式有间接测验与直接测验之分。对于行为的测验通常是直接测验，例如每周参加体育活动的次数。但对于态度、人格、能力等心理特性，由于其无法观察而不能直接进行测验，所以只能间接地测验。如测验智力的题目是通过在智力题目上的不同得分而间接地推定受测者的智力水平的。在测验中，测验刺激可以是一个或一组量表，也可以是一件工作，还可以是一个模糊不清的信号。测验就是通过刺激与反应的联结关系将个体内在的人格、心理与外在的行为联系起来，从而达到通过对外在行为的观测测验而推论它所联结的内在人格、心理特征的目的。

前面介绍的量表是测验的一个重要工具，几乎所有的测验都要使用一个或多个量表，但量表不是唯一的测验工具，一组作业、一套图片也可作为测验的工具。

测验按照不同的标准有不同的分类，目前一般采用的分类系统是以心理或生理特征的类型作为分类标准。按照这个分类标准，测验分为能力测验、成就测验、人格测验和兴趣测验。

二、测验的程序

（一）测验的编制流程

1. 根据测验目的确定测验目标。

2. 分析测验目标所包含的心理过程或心理特性，弄清这种过程和特性由哪些方面因素构成。

3. 搜集相关的经验材料，如要测学生的学习成绩，就要搜集教学大纲、教科书、测验题目。

4. 编选测验项目，编选时应考虑的因素有：测验时间、测验项目的数量、测验刺激的形式、计分的方法。

5. 将编选好的项目进行编排，制成测验草案。

（二）试测

检验测验项目的合理性、所需时间、难度大小等，试测人数在500～1000人。

（三）对测验草案进行修正，修正或删除不适当的项目

（四）正式施测，先编制测验手册

（五）建立常模

常模是较标准的，通常将样本的平均得分作为该测验的常模，可作为

判断个体差异的依据和比较的标准。最常用的有年龄常模、地区常模和全国性常模等。

（六）对测验进行检验

对测验的客观性、信度、效度、辨别度等测验应具备的条件进行鉴定，并将结果记录在测验手册中，作为评价该测验的客观材料。

三、测验的功能与作用

测验的目的是探明个体的差异。测验有两种基本的功能，一是预测。通过测验，可以知道不同类别的人之间的差异，根据这个差异，就可在某种程度上预见不同类别的人在将来的活动中会存在何种差异。二是诊断个人特性之间的差异，如：某人是逻辑能力强还是语言能力强。

测验作为考察与识别人的一种重要方法，在人事管理中得到广泛的应用。测验在西方被广泛应用于近代公务员考试和工商企业机构的管理中。

四、民意测验

民意测验也称民意调查、舆论调查，是一种了解公众对某些政治、经济、社会问题的意见和态度的调查方法，其目的在于通过对大量样本的问卷调查来精确反映社会舆论或一般民意动向。民意调查作为群众监督、公开对话的一种方式可收集到群众的意见和反映。

（一）民意测验的主要作用

1. 客观及时地反映社会舆论和大众心理的一般状况。

2. 为制定或评价政策、措施提供依据。

3. 对大众心理进行分析和预测。通过几年的纵向研究就能发现社会心理的波动状态或一般趋势。

（二）民意测验的程序和方法

民意测验实际上是一种问卷调查，其重点是抽样方案的设计和问卷的设计。

1. 抽样方案的设计。民意测验是要以样本的状态来推论总体状况，因而它一般是采用随机抽样。民意测验对抽样精确度的要求较高。

2. 调查问卷的设计。民意测验的问卷一般较简单，提出的问题较少，并且这些问题一般是被调查者熟悉和易于回答的。民意测验的选择回答类别也较少，一般是“赞成、不表态、不赞成”三类。调查问卷的设计要求是:（1）提出的问题不超过40个，作答时间在20分钟内;（2）提问和回答尽可能简单明了，采用封闭式回答;（3）避免使用难懂的词语。

3. 民意测验的优缺点。

民意测验的优点是:（1）能迅速了解人们对某些问题的看法，及时反映社会舆论的变化情况;（2）根据调查结果能推论总体的一般状况，具有较高的代表性;（3）只需抽取较少比重的样本就能了解总体和全局的情况，相对来说，能节省人力、财力，且简便易行;（4）应用领域较广泛。

民意测验的缺点是:（1）民意测验是用简化的方式了解人们对某些问题的一般态度，很难做深入的分析和理论解释;（2）调查信息表面化、简单化、缺乏深度。因此，民意测验结果的应用应谨慎。

五、社会计量法

社会计量法也称社会交往计量，是评量某一群体、组织中的人际吸引或拒斥关系的工具，更进一步说是用以决定个人在群体与组织中被接受的程度，发现群体内人与人之间的现存关系，并揭示组织本身的结构特征的工具。社会计量法是1930年美国心理学家莫雷诺等人所创用的，主要用于人际关系与群体结构的研究。分析中常用的方法有社群图分析和指数分析。

（一）社群图分析

1. 孤独者的数量。既不选择他人又不为他人所选的人。

2. 意见领袖的数量。在群体中被10%以上成员提名的人数，是群体中威望较高的人。若社群图中缺乏意见领袖，且图又显得散乱时，表明群体结构松散。

3. 串联的数量。指3人以上的连锁关系。串联是群体团结的要素，串联数越多、越长，群体关系就越紧密。如果社群图中互选的对偶数多而且有较多的长而重叠的串联时，则显示群体或组织有相当完整的结构与良好的沟通网络，成员之间相互比较了解且关系融洽。

4. 小团体的数量。小团体由3个以上成员组成，每个人至少选择一个小团体中的成员，并至少被选一次，小团体构成一种封闭的连锁关系。在一个群体或组织中有一些非正式团体，多因兴趣、爱好、工作等原因形成。如果社群图中这种非正式小团体明显存在并且小团体之间又很少沟通时，则群体容易产生摩擦。

5. 主要联络点与次要联络点的数量。我们把在群体中那种一旦离开就会使群体至少分成两个小组的人称为主要联络点，把那种当他连同另一个人同时离开将会使群体至少分成两个小组的人称为次要联络点。如果社群图中孤立者和联络点多，则会增加群体内信息、意见与情感沟通的困难。

（二）指数分析

指数分析，是通过社会计量指数分析个人在群体中的地位，比较同一群体内不同情景下每个人的社会地位，且对不同群体的特征进行比较。常用到的指数有：

1. 社会地位指数，表明个人在群体中受重视的程度。

2. 受选地位指数，表明个人在群体中受支持的程度。

3. 高选择者，受选择者是在平均选择数一个标准差以上者，低选择者是在其以下者。

4. 吸引率，表明群体内吸引作用发生的程度。

5. 团结指数，表明群体的团结程度。

6. 调和指数，表明群体中调和的程度。

7. 内群亲近率和外群亲近率。内群亲近率显示群体成员对本群体向心的程度，外群亲近率显示群体成员的离心程度。

8. 相对名望指数，表明一个群体受外群体成员支持的程度。

通过社群图和指数分析，就可以获得关于一个小整群体的下列信息：（1）群体结构的类型，通过类型结构又可得知群体效率、团结状况等；（2）群体内信息沟通方式及效率和存在的问题；（3）群体内的凝聚力；（4）群体内的人际关系和每个人在群体中的地位；（5）群体中的领袖人物；（6）群体间的关系。

六、测验法的应用

测验法广泛应用于教育、工业和行政管理、军事及社区服务等领域。如：领导才能的评价与干部选拔；新人员工作岗位的分配；企业或公司以及军队士气的考察；组织中出现问题的诊断与治疗；对各级人员的评价等。

社会测量法研究案例：培养学生团体凝聚力的研究

在学校体育教学中，学生参加各种活动时，如踢足球、打篮球、跳长绳、拔河等，经常以团体成员的身份出现，团体的组成有助于增强学生间的合作与竞争。然而，并不是所有团体的个体都能够自觉地凝聚在一起为达到他们共同的目标付出相应的努力，当一个想要成功的团体缺乏必要的团体凝聚力时，他们面临的往往只能是失败，失败后团体中的个体又会相互抱怨、彼此埋怨，导致团体成员间的失和，最终，团体只能走向解散。

团体凝聚力，是团体在追求目标的过程中，为了满足团体成员的情感需要，团结在一起，保持一致倾向的动态过程。它是衡量一个集体是否有战斗力，集体活动是否能够达到预期目标的重要条件。下面，以篮球队的团体凝聚力培养为例。

（一）使用社会测量法对篮球队里所有成员的团体凝聚力进行测量

通过面谈的方式对篮球队里所有成员进行如下问题的询问："在团体中你喜欢谁或不喜欢谁，分别说出3个名字""你最想与哪3个人一起练习或最不想与哪3个人一起练习"等，然后将答案绘制成人际关系图（图11-1），以表示团体成员的社交偏好情况，如友谊、关键人物、孤立人物以及小集团的产生等。

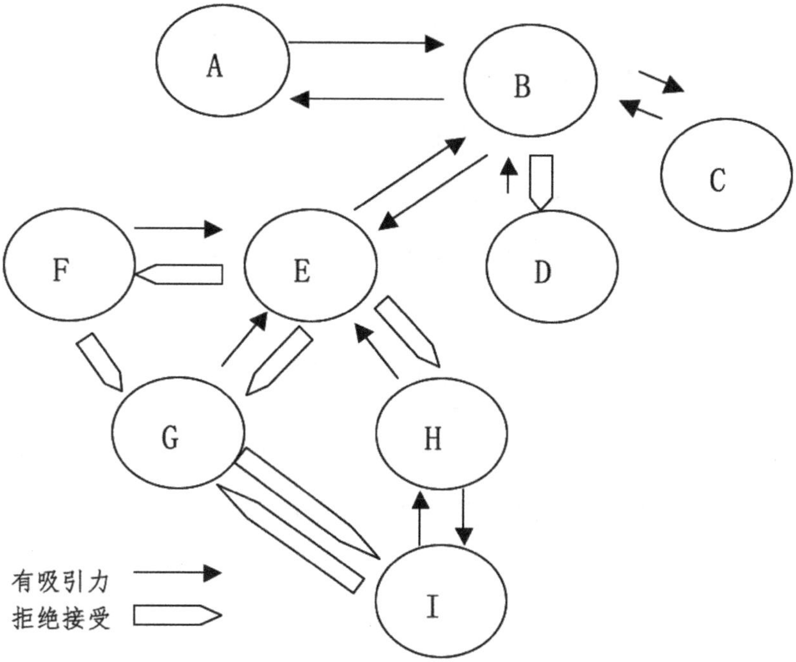

图 11–1　人际关系图

从图11–1可以看出，在篮球队中，E几乎是每个人都喜欢的人，而G被团队孤立，好几个人都不喜欢他，教师必须注意这个问题。H和I形成了一个封闭单位，他们很少与团队的大部分人产生联系。

在一开始运用社会测量法进行测量时，学生可能因为担心说出对队友的喜好会对自己造成不利的局面，所以拒绝对队友发表意见或者编造假话，企图蒙混过关。此时，教师应该对每一名队员进行细致的开导与教育，使他们明白教师只有真实地了解团体成员间的关系，才能有针对性地改善这种关系。也只有通过此种方式，整个团体才能以更好的状态参加训练和比赛，取得更佳的成绩。说出真实的想法，对团体和对个人都是有益的。并且，教师还要向学生保证且必须做到对每个人的发言都保密，不会在任何情况下以任何形式说出这些秘密。教师只有赢得了学生的信任，才能有利于后续工作的开展。

（二）针对测量结果再对学生进行有针对性的谈话

1. 根据绘制出的人际关系图，询问学生出现这种情况的原因，但是先不要问当事人，如不要问G他为什么被别人孤立，而是问F、E、I孤立G的原因。根据与学生的谈话得出如下结果，见表11–1。

表11–1 学生人际关系成因一览表

学生	谈话结果
E	在队内与所有人都不发生冲突，“老好人”一个。
G	球队队长，球打得很好，但是脾气很大，经常对队友的失误发火，打球喜欢独自蛮干，不信任队友。
H与I	很少与队友交往，除了团体练习外，一直是2个人在一起做基础训练。

2. 教师对突出学生进行分析

E虽然是个“老好人”，但作为组织后卫，其技战术水平一般，练习缺乏积极性；G个性自我，会影响团体和谐，但他技战术水平高，球队离不开他；H和I一直是球队的替补，属于边缘角色，因此他们习惯了自己的处境，2个人越来越好，不愿与其他队友产生交际。

（三）有针对性地发展团体凝聚力

1. 明确成员角色，设置个人目标

教师与学生进行私下的分别交流，让E、G、H与I分析一下自己在队内的受欢迎程度，与队友的交往程度以及自身在队内的角色重要程度。

经过分析：E觉得自己与队友都能和睦相处，是球队的首发组织后卫；G觉得自己与队友有点合不来，其他人在场上无法与自己配合，自己是球队的绝对核心；H与I觉得自己在球队中处于可有可无的位置，队友也很少关注到他们。此时，教师再把测量结果和对他们的分析以自己平时观察得出结论的方式告知他们，让他们与前面的自我分析做一下对比。

通过对比，E、G、H与I不难发现自己平时未注意到的问题，这样有助于帮助他们快速改进自身的缺点，充分发挥自身的优点。

这时，为了使个人能集中精力专注于需要完成的活动中，教师应帮助团体成员确定自己承担的角色职责。目标设置是一种有效的帮助学生明确个人目标的方法。

对于E，教师要提出批评。作为球队首发组织后卫，平时训练的懈怠是导致球队比赛时进攻不力的重要因素。虽然队友都喜欢他，但是这种喜欢对球队是有害的。因为即使E不能有效地组织进攻，队友还是会选择把球传给他，这样的球队只会失败。为E设置两点目标：（1）担任球队队长，在平时训练时对于队友的懈怠或失误要敢于指出并帮助其改进；（2）自身加强技战术训练，使自身的技战术水平能达到球队的需要。

对于G要进行引导。先批评他的自私行为与自大情绪，举例教育：美国篮球运动员麦克格雷迪在魔术队时虽然是NBA的“得分王”，但正因为他总是一个人进攻，而不是有效地与队友合作，错失了好几个得分的机会。那一年，合作不良的魔术队经历了球队历史上最黑暗的19连败。篮球是集体运动，个人技战术水平再高也不可能以1敌5，即使是乔丹也做不到。为G设置两点目标：（1）降低自身身段，摆正心态，在平时的训练中与队友融洽相处。遇到队友失误要给予鼓励，帮助队友在技战术水平方面得到提高。（2）在球场上要多信任队友，多传球给空位队友而不是只顾自己得分。每次训练要传出20次以上的助攻。

对于H与I，教师要帮助他们摆正心态。要让他们明白，所有人都是球队的一分子，球队所取得的成功离不开每一个人的努力。给他们设置三点目标:(1)努力加强训练，使自己每场比赛都可以得到出场机会；(2)与球队的每一名队员都增进了解，加强配合。每次训练2个人都要分别与所有队友完成3次以上的传接球;(3)平时做基础训练，2个人要与队友一起进行。

2. 建立良好的团队规范

团队规范就是团体确立的行为准则，团体成员都必须遵守这些规范，正式的规范比约定俗成的规范对团体成员的约束力更强。它的作用是使其成员在心理上形成一种约束力，在团体规范的约束下，成员之间的态度、情绪和行为会发生彼此接近、趋同的累进过程。

在为E、G、H与I设置好个人目标后，教师召集全队开会，确立团队规范。

(1)在团体认同方面：给团体起一个名字，立一个口号。很多教师在带队时往往会忽视这个细节，按照惯例，学校出去比赛都是叫“×××校队”，不过平时的训练中学生与教师可不会这么叫，如果给球队起名“虎之队”，听起来可能有点俗，但是在训练和比赛当中，团体所有成员大喊出“虎之队，虎虎生威，战无不胜!”的口号时，团体的凝聚力瞬间达到一个高点，战斗力也直线上升。

(2)在识别角色成员方面：向团体其他成员重新介绍E、G、H与I，说明他们的训练目标，鼓励其他队员帮助他们尽快地达到目标；勉励团体成员变成训练场上的朋友。

(3)在形成良好的团体规范的同时，还要注意防止学生中出现违反团体规范的行为，如延误参加训练等，以免影响良好的团体规范。教师还应当与团体成员制定惩罚措施，以杜绝违反团体规范行为的出现。

3. 形成良好的师生关系

教师在培养学生团体凝聚力时同样应特别注意自身的修养，树立良好的形象，提高自身的素质。品德高尚、事业心强、言行举止文明的教师是学生效仿的榜样。教师要关心和爱护学生，根据学生的心理特点，因材施教，灵活、合理、公正、平等地对待每一位学生，这样才能建立师生间的信任关系。教师也才可能得到学生的支持，在团结合作的气氛中共同完成训练和学习。

另外，教师还要掌握一些沟通技巧和调控情绪的方法，并运用这些技巧和方法营造一个能舒适表达思想与情感的环境，通过调节学生的情绪，建立真诚的师生情感。

之后的三个月，团队所有成员严格遵守团队规范进行训练，E、G、H与I也通过自身努力和队友的帮助达成了个人目标。这时对篮球队所有队员进行第二次社会测量，结果也表明这支球队是一个充满了凝聚力和战斗力的集体；球队的整体技战术水平也有了显著的提高。所以说，团体凝聚力的培养是不可或缺的。

第十二章　实验法

观察法虽然实现了研究的自然性，但却不能实现实验研究的严格控制。实验法是指人们利用一定的物质手段（仪器设备、物质条件），人为地控制、模拟或变革某种事物发生、发展、变化的过程，突出要研究（检验）的主要因素，以在最有利的条件下深入观察事物的特征与发展规律，搜集所需资料的一种研究方法。

一、实验法的作用

实验法在科学研究中具有极其重要的作用。没有实验方法的产生与运用，就没有近代科学的产生和现代科学技术的飞速发展。实验法是人们在有目的有计划地控制事物发展的过程中去认识事物，能充分发挥研究者的主观能动性和创造性。能突破其他研究方法的某些局限和自然、社会现象的限制，人为地去变革事物的内容、结构与发展进程，从而更深刻地认识事物的规律与本质，发展人们的认识能力与创造能力。

实验法还能够发现单凭观察所不能看到和证明的某些新事物、新原理与潜在因素，以证明事物发生发展的必然性与相互联系。因此，实验法是搜集感性材料、检验假说、形成科学理论的重要方法。它常与观察法、测量法结合运用，综合研究某些重要现象与问题。

例如，在体育科研中，对某一项新技术、新战术的设计与检验；对体育教学中某些新的教学方法、课的结构类型的创新提出；运动训练中对某种训练方法、恢复手段、营养方式、新器材设备的效果验证与推广，都需要采用实验法进行研究。在运动生理、运动生化、运动医学、运动生物力学中的某些基本原理、机制的认识与验证以及这些基础理论在体育运动中的作用、效果与可能出现的新事实、新规律，也主要是通过实验法去研究和认识的。

二、实验法的分类

实验法按实验环境不同可分为现场实验和实验室实验。

（一）现场实验

现场实验是在现场情境中直接操作研究变量的研究方法。也就是说，它的实验条件是由实验者加以设计和引进的，但其背景对于被试者来说是真实的生活环境。

1. 现场实验的优点：

（1）比实验室实验带有更少的人为性。

（2）由于是在真实生活背景中得到的结果，因此研究结果能很快地应用到实际生活中去。

2. 现场实验的局限在于要对条件进行控制。为保证实验成功，研究者必须对实验情境、对如何控制变量有十分清楚的了解和掌握。

例如，我们曾做过一个关于领导者对群体绩效的期望值如何影响群体绩效的现场实验。这些群体是由初中生组成的，他们在期望值很高的体育教师的领导下，进行了为期11周的女生800米、男生1000米的训练。在训练结束时，他们的成绩要比对照组好。

再如，我们在2006年9—11月，在北京大学和中国地质大学对参加拓展训练的82名大学生进行了为期3个月的教学现场实验。实验前，把《大学生心理健康量表》(前测表)发给参加学习的学生，让他们按照指导语在规定时间内独立完成，填写完毕后，当场收回，这就是前测。实验开始后，每周2个学时，每2个学时体验一个拓展运动项目，若一个项目在一次课上进行不完，可接着在下一次课上进行，10个拓展运动项目共20个学时。20个学时学完后，再把《大学生心理健康量表》(后测表)发给参加学习的学生，让他们按照指导语在规定时间内独立完成，填写完毕后，当场收回，这就是后测。

(二)实验室实验

实验室实验，其实验环境是经人工“纯化”的，可以严格控制，范围较小。大量的体育生物科学的研究都可以在实验室进行。

实验室实验研究的不足是其结果的可推广性受到质疑。实验结果是否具有可推广性与取样的代表性有很大关系，即“谁”参加了研究对结果有着深刻的影响。

按照实验内容的不同，实验又可分为心理实验、教育实验(含教学与训练实验)、运动生理实验、运动生物化学实验等种类，这种分类更具有某类学科的方法学特点。

此外，按照实施因素的多少，实验还可分为单一实验和综合实验等。

例如，对为什么青春期的孩子容易焦虑的研究就是在实验室中进行的。

一般认为，青少年进入青春期，处于转折点的身心发育状态给青少年带来了不适，导致他们在没有引导的情况下感到不知所措。但美国康奈尔大学的研究认为，基因和遗传因素更能说明问题。

研究人员在美国《国家科学院学报》上发表论文说，他们用磁共振成像测量了1050名3—21岁人的大脑前额叶皮层与边缘结构之间的连通性。结果发现，青春期一种常见的基因突变可影响内源性大麻素的水平和信号传导，从而改变大脑前额边缘回路的发育，进而导致精神方面的障碍。

一些受试者由于这种特定基因的突变，干扰了脂肪酰胺水解酶（FAAH）的活性，导致脂肪酰胺水解酶无法分解内源性大麻素。内源性大麻素是体内自然产生的类似于大麻的化学物质，能“麻醉”神经系统。内源性大麻素水平不正常，会阻碍神经轴突获得再生以及神经回路的发育，引发精神方面的问题，如焦虑、忧郁等。

研究发现，与那些没有基因突变的受试者相比，那些具有这个基因突变的受试者表现出了更大的焦虑倾向。这一情况在受试者进入青春期，尤其是12岁之后较明显。

这一研究成果有助于研发高精度的基因药物，从而优化青少年精神障碍治疗。

三、实验涉及的概念

（一）自变量与因变量

实验基本上考察的是自变量对因变量的影响，自变量是指实验中实验者所控制的、对被试者的反应产生影响的变量，实验者就是要比较出现刺激和不出现刺激所导致的结果的差异。

因变量是由于自变量的变化而发生相应变化的变量。

例如，拓展训练对大学生社会适应能力作用的研究中，拓展训练就是自变量，大学生社会适应能力就是因变量。

（二）前测与后测

在实验设计中，受试者首先作为因变量接受测量（即前测），然后接受自变量的刺激，之后作为因变量再接受测量（即后测）。因变量前后测之间的差异，被视为自变量的影响力。

例如，表12-1是参加拓展训练前后，大学生心理健康测试的前测与后测数据一览，经过分析，可以看出参加拓展训练，对大学生心理健康的影响与作用。

表12-1 拓展训练大学生心理健康前测与后测60题肯定选择人数一览（N=82）

问题	前测肯定选择人数	后测肯定选择人数
1.食欲不振（ ）	28*	24
2.恶心、胃口难受、肚子痛（ ）	26*	13
3.容易拉肚子或便秘（ ）	21	11
4.关注心悸和脉搏（ ）	16	10
5.身体健康状况良好（ ）	21	21
6.牢骚和不满多（ ）	22	11
7.父母期望过高（ ）	30*	19
8.自己的过去和家庭是不幸的（ ）	17	4
9.过于担心将来的事情（ ）	37*	26*
10.不想见人（ ）	27*	1
11.觉得自己不是自己（ ）	21	9
12.缺乏热情和积极性（ ）	31*	19

续表

问题	前测肯定选择人数	后测肯定选择人数
13. 悲观（ ）	24	7
14. 思想不集中（ ）	35*	28*
15. 情绪起伏过大（ ）	29*	16
16. 常常失眠（ ）	9	14
17. 头痛（ ）	30*	11
18. 脖子和肩膀酸痛（ ）	24	8
19. 胸痛憋闷（ ）	23	8
20. 总是朝气蓬勃的（ ）	11	10
21. 器量小（ ）	12	8
22. 爱操心（ ）	13	9
23. 焦躁不安（ ）	24	13
24. 容易动怒（ ）	36*	23
25. 为脸红而苦恼（ ）	8	1
26. 口吃、声音发颤（ ）	15	9
27. 身体忽冷忽热（ ）	8	3
28. 注意排尿和性器官（ ）	16	13
29. 心情开朗（ ）	12	13
30. 莫名其妙地不安（ ）	24	15
31. 个人独处时感到不安（ ）	23	14

续表

问题	前测肯定选择人数	后测肯定选择人数
32. 缺乏自信心（ ）	39*	11
33. 办事畏首畏尾（ ）	21	9
34. 容易被人误解（ ）	27*	15
35. 不相信别人（ ）	38*	9
36. 过于猜疑（ ）	20	6
37. 厌恶交往（ ）	26*	4
38. 感到自卑（ ）	39*	6
39. 杞人忧天（ ）	17	13
40. 身体倦乏（ ）	32*	17
41. 一着急就出冷汗（ ）	17	12
42. 站起来就头晕（ ）	19	5
43. 有过失去意识和惊厥的经历（ ）	8	4
44. 人缘好、受欢迎（ ）	14	17
45. 过于拘泥（ ）	13	8
46. 对任何事情不反复确认就不放心	18	12
47. 对脏很在乎（ ）	15	10
48. 摆脱不了毫无意义的想法（ ）	20	11
49. 想轻生（ ）	8	0
50. 对任何事情没有兴趣（ ）	19	3

续表

问题	前测肯定选择人数	后测肯定选择人数
51. 记忆力减退（ ）	24	9
52. 缺乏耐力（ ）	25*	15
53. 缺乏决断能力（ ）	15	7
54. 过于依赖人（ ）	18	15
55. 觉得自己有怪气味（ ）	11	3
56. 别人在背后说自己的坏话（ ）	15	9
57. 总注意周围的人（ ）	27*	18
58. 在乎别人视线（ ）	25*	16
59. 觉得自己轻视自己（ ）	9	4
60. 情绪易被破坏（ ）	40*	24

注：标有 * 的问题表示选择肯定的人数在25人以上（包括25人），说明选此项者较多。

那么，大学生心理健康前测结果与后测结果是否具有显著差异呢？为此，做了配对 t 检验，见下表。

表 12–2　大学生心理健康前测结果与后测结果的配对 t 检验（N=82）

心理健康测量	平均数	标准差	显著性（双尾）
前测得分	16.0000	7.78571	.000
后测得分	8.3293	3.61087	.000

从表12–2可见，大学生心理健康测量前测的平均分是16.0000，后测

平均分是8.3293，前测标准差是7.78571，后测标准差是3.61087，平均分降低意味着存在比较严重心理问题者、存在某些心理问题者减少了，而心理较为健康者增多了。前测结果与后测结果的配对t检验为P=.000，表明此结果在100%的水平上具有显著差异，说明这些大学生在参加了拓展训练后，心理健康水平确实有所改进与提高。从表12–1大学生心理健康测量前测肯定选择人数在20人及以上的题目看（保留8、16、25、26题，这是存在比较严重心理问题和存在某些心理问题，在总分不够线时，选择此项问题的条件），与后测时这些题目肯定选择人数的变化对比中可以清楚地看出，其人数下降的幅度有多大，问题可见一斑。

结论：本研究表明，参加高校拓展训练，使存在比较严重心理问题的大学生数量大大降低了，从前测的23.17%降到了后测的 1.21%；使存在某些心理问题者，从前测的70.73%降到了后测的48.79%；而心理健康者，从前测的12.19%提高到了后测的50.00%。可见，拓展训练对大学生心理健康的影响是良好的，有很好的现实意义①。

（三）实验组与对照组

实验中接受刺激的组称为实验组，而不接受刺激的组称为对照组。通过采用对照组，研究者可以发现实验本身的影响。如果后测显示对照组也表现出跟实验组一样的水平，那么表明，实验组的变化显然是受到了实验以外因素的影响。

例如，在检验一种新的运动营养补剂对运动员疲劳恢复效力作用的研究中，研究者不断地给对照组服用安慰剂，因此，对照组的运动员像实验组的运动员一样，相信他们服用的是实验用的新运动营养补剂。如果新运动营养补剂对运动员疲劳恢复有效果的话，那么，服用新运动营养补剂的

① 程硕．拓展训练对大学生心理健康和社会适应能力影响的研究[D].北京：首都体育学院，2007.

运动员会比服用安慰剂的运动员，疲劳恢复效果更明显。

可见，对照组之所以重要，不仅在于可防止实验本身的影响，而且还可排除实验进行过程中外在事件的影响。于是，就有了双盲实验。

双盲实验，受试者和实验者都不知道哪些是实验组，哪些是对照组，以排除实验者对实验结果的影响。

例如，双盲实验是西医证明一个药物是否有效的基本实验。医生不知道患者吃了什么药，患者自己也不知道自己吃了什么药，到底是不是安慰剂，只有局外人知道。

四、实验中的基本因素

任何科学实验，都包括以下三个基本因素（或称构成因素）：即施加因素、实验对象和实验效应。

（一）施加因素

实验中的施加因素又称处理因素，也称“实验激发”，即在实验中专门施加和待验证的、假定对实验对象发生某种作用的突出因素。它是实验前研究对象所不具备的某些内容、结构等因素。在体育教学、运动训练的大量实验中，可能是某种新的教学、训练方法手段、负荷安排结构、恢复手段等。进行不同形式的实验，就是为了检验这些新加因素的效果。如果确认其效果显著，就可能在体育实践中进一步验证、推广和运用。对实验的施加因素，必须使之具体化，成为规范稳定、可操作实施的一些内容、方法、手段或动作。

1. 施加因素中的单因素与多因素

单因素实验就是在实验中只有一个自变量，被试者接受这个自变量不同水平的处理。在实验研究中，最简单的就是单因素实验。它的优点是施加因素单一明确，便于控制实验条件，容易组织实施，也易于观察测量实验效果。但缺点是无法同时检验多种因素的作用效果。

多因素实验是在实验中含有两个或两个以上的自变量，被试者接受两个或两个以上自变量不同水平的结合的实验处理。它的优点是:（1）高效率。使用多因素实验比单独进行各因素之间比较的实验效率要高许多。（2）对实验的控制程度好，能在最大限度上对实验的各种条件进行统一，减少了实验误差。（3）实验结果更有价值。可以计算自变量水平之间的交互作用。

2. 施加因素的具体化和操作性

在确定施加因素的数量类型之后，可参考有关资料及他人经验，将施加因素具体化，即明确规定和设计施加因素的内容范围、结构、数量、施加时间、施加程序、操作方法（技巧）、动作标准等；并力求使其规格化、标准化，具有稳定性、客观性和可操作性。这样才能保证实验的可行性和有连续稳定的实验效应，也才能获得可靠的实验指标数据。较复杂的施加因素设计，可先做一些前期小实验，专门选择、确定施加因素的内容结构与操作步骤。

3. 非施加因素

在实验中除了要研究验证的施加因素外，对实验组而言，其余组成实验的各种条件内容（如实验环境、样本人数、常规活动内容与状态等）都是非施加因素，它应与对照组的全部活动内容状态完全相同。在实验设计和实施过程中，要严格区分施加因素与非施加因素的内容结构，避免两者的相互混淆、交叉或相似，才能有效地控制和消除非施加因素对实验结果的影响；进而纯化实验条件，真正突出施加因素及其作用，使实验结果具有可比性和可靠性。因此，在分组（或自身前后）对比实验中，各组样本应保持在非施加因素上的一致性，不能为了突出施加因素作用而改变实验组中的非施加因素（或改变对照组中的活动条件）。

例如，以一个教学方法改革的实验为例。实验采用随机分组的方法，将成绩相等的24个学生分成8个组，每个组3人。经过三周的学习后，对学生的学习成绩进行测试，考察三种不同的教学方法对学生的学习成绩是否产生影响。

（二）实验对象

实验对象泛指实验课题所涉及的全部对象即实验研究总体，但人们不可能或很难对实验研究总体的全部个体进行全面实验研究，只能从实验总体中抽出部分（单位）个体进行实验。因此，从实验对象总体中抽取的部分实验个体（或单位）就称为实验样本，它是实施实验中的具体参加者、受试者。

在体育科研中，实验对象有人与动物。体育教学、运动训练中的大量实验对象是学生、运动员等。在体育生物学科方面的许多实验对象是动物，如小白鼠、狗、青蛙等。选取实验样本应符合研究目的任务的需要；样本中的个体对施加因素应有正常稳定的反映，如：身体条件、智力状态、体育基础及心理状态等都应在正常范围；样本要符合实验的一致性要求，即样本个体间差异小，基本相同或相似；特别是在主要的共同观测指标方面，受试样本应有较高的统一度，即非常相似，保证样本的构成均匀。实验样本应通过随机抽样获得，样本量大小可根据实验任务的需要、误差范围及观测指标的特点而定。在体育科研中的生物学科实验研究中，多采用小样本才能确保观测结果的正确性和可靠性。

（三）实验效应

实验的施加因素在受试样本上进行实验后，都假定要产生一定的实验效应。实验效应必须通过一些确实能反映这种效应水平的指标（项目）来反映。所以，选定效应观测指标进行实验观测是很重要的。

五、实验设计的基本原则

（一）重复原则

从理论上讲，多数实验都可以多次重复进行，其结果能反复验证。研究者可以通过重复实验逐步消除系统误差、偶然误差，不断提高实验结果的可靠性，不断去补充、修正假说，逐步接近真理，发现规律。

（二）对照原则

有比较才有鉴别。很多实验的本质是在事物的对照变化中去发现它们的差异与相互关系的，对比实验是主要运用的方法。因此，选取实验组、对照组必须力求条件均衡，性状基本相同；对比观测指标要有代表性；对比差异要进行科学检验。组对比的实验常用的有：单组比较（自身对照）、组间比较（两组或多组）、配对组间比较（两组对照）、随机区组比较（多组对照）、拉丁方配组对照及多组循环比较实验等。

（三）可控制性原则

设计实验过程与方法要尽量控制各种实验条件，简化或纯化事物的发展过程，采取有效手段消除那些可能影响实验结果的因素（如干扰因素、系统误差、偶然误差、对象条件等），尽量突出施加因素及其作用效果，有控制地实现目标。这主要指对施加因素的内容结构设计、分组设计和严密组织实验环节。但是，也要注意人为控制不当或实验方法技巧欠缺，可能导致实验结果失真。

六、实验设计的内容

实验设计就是运用实验法搜集研究材料的系统研究计划，是就具体运用实验法的过程、步骤、技术手段、控制途径与实施办法进行周密、通盘的考虑，形成书面的实验方案。它是进行实验研究的主要依据，也是获得实验材料的可靠保证。还有利于提高实验研究的计划性与科学性，预先排除有关干扰与误差，减少人力、物力的浪费，确保实验成功。有以下几个方面的主要内容：

（一）实验目的与任务

指通过实验要解决的中心问题，是研究假设的具体体现。如模拟、发现某种新的事实现象，探索事物之间的某种因果联系，检验某种施加因素的预期作用与效果。如实验中施加因素较多，则可将目的具体化，分解为明确的具体任务。

（二）实验时间

预计本实验的起止时间、日期，长期实验中的不同时间阶段划分，以及每次实验中的限定时间（如持续作用时间、间隔时间等）。

（三）实验样本

在体育科研中根据研究任务的需要和估计的误差范围，确定实验样本量的大小，并以随机抽样方法抽取实验样本。在小范围实验（如体育教学、训练实验）中，20—30例为小样本，30例以上为大样本。但较大范围的实验研究时，样本量相应要大一些，不受此限制（考虑研究任务的需要及研究对象的总体构成情况）。在确定实验范围、抽取样本时，要尽可能使实验样本具有整体的代表性。

为了准确控制或排除受试个体的误差影响，应在实验分组设置时，首先对两组样本（或多组）的主要效应指标和基本情况指标进行起点测量和统计，并一一进行显著性差异检验。原则上各组样本之间应无显著差异，个别指标或次要指标的显著差异允许存在。在设计中应列表报告说明实验样本分组的基本条件差异情况，以提供分组设计和实验的依据。

（四）实验分组设计

实验分组设计是对比实验设计中的核心内容，是控制实验条件的主要形式与途径。在体育科研中，结合体育院校本科生、研究生科研论文使用需要，常用的分组设计有以下几种：

1. 自身比较设计。自身比较设计又称单组比较设计。它是在同一批（组）实验样本身上进行相同施加因素的实验，对每个样本个体进行实验前后的自身对照观察（一般两次观察测试）；然后比较两次的观测效果与差异情况，这种差异结果就是实验结果，也就是研究假设中假定通过施加因素的影响后而对实验对象发生的独特作用。

例如，对一个班的中学生进行一种每天在课间两次，每次10分钟的健身小循环训练实验，假定此训练能对学生身体素质产生良好效果。实验开始前先对全班学生的有关观测指标（必须是有关身体素质的指标）进行测试。经过一学期（或10周）实验后，用同样的测试方法、指标进行第二次测试。将前后两次测试数据进行统计处理，检验其差异水平（常用t检验法）。如果实验结果差异非常显著，则肯定原来提出的研究假设。

这种自身对照设计的优点是可以节省样本数量，能严格控制实验条件，在体育科研中广为采用。但是，这种设计是以假定实验对象的基本条件在实验中不发生变化为前提的。而较长时间的实验过程中，某些人群样本（如少年儿童）的某些指标本身会有自然增长变化的因素（如身高、体重或身体素质、认识水平等）。故这种实验时间不宜过长，并注意选取相对典型和稳定的观测指标。

2. 组间比较设计。组间比较设计是将实验样本分为实验组与对照组，对两组进行对比实验。两组的基本条件应相同，满足实验样本的条件要求；两组样本量亦应相同，以严格控制误差。对初搞科研的人来说，这种对照实验常用的施加因素是单因素实验设计，即实验过程中对实验组施加一个新因素。两组其他活动因素完全相同，均按常规正常进行。实验前和实验结束后，对两组都进行相同观测指标的测试（部分指标也可在实验过程中测试积累）。对数据经统计学处理，以检查两组间是否存在显著差异，确认施加因素的作用。一般也用t检验法（小样本多用）。

如前例中学生自身比较实验时，再增加一个与实验班学生条件非常相似的对照班，并控制实验班除课间小循环训练的活动内容外，其余均应与对照班相同。实验结束后，两班同测有关身体素质的指标项目，检验两班之间的差异状况。如差异显著，则说明课间小循环训练比无这种训练对学生身体素质的提高有明显的促进作用。

这种实验分组设计方法目标明确，施加因素单一，实验条件易于控制，结果也较清楚，故在体育科研中广泛采用。在设计中，对施加因素的内容结构、数量、方法及实施步骤要求，要明确规定，并且有可操作性和稳定性。

3. 双重对照设计。在上述两种实验分组中，如果对各种非施加因素和样本条件进行严格控制、高度一致时，结果一般都较可靠。但体育科研中有时达不到上述要求的严格条件，这样自身对照时因未设立对照组，因而自身对比结果难以排除非施加因素不均衡性（前后不一致）所造成的影响，其结果中有混杂“水分”；若用通常的单一假设检验判断实验效应，有可能导致错误结论（即实际上夸大或减小施加因素的效应）。另一种情况是，在组间对照实验时，要完全做到随机分组，使两组条件高度均衡一致非常困难。若两组样本的均衡性较差，那么用假设检验去分析判断也可能判断有误。根据北京体育大学张明立副教授的研究成果，上述两类实验分组可能会出现如下情况：

（1）自身对照组。

① 实验结果表面有效，检验有显著差异；但实际上可能是施加因素无

效果，肯定的是非施加因素的效果。

② 实验结果表面无效，检验无显著性差异；但实际上可能施加因素有效，由于非施加因素的干扰抵消了施加因素的效果而使结果无效，因而判断“弃真”有误。

（2）组间对照组。

① 施加因素实际无效。但可能因两组各自的非施加因素不同而产生差异作用，被肯定为施加因素的效果，结果表现为有效，检验有显著性差异，因而在本质上“纳伪”，判断有误。

② 施加因素实际有效。但也因两组的非施加因素不同而产生的差异作用，干扰抵消了施加因素的效果（一般是对照组的非施加因素作用大于实验组），因而导致实验结果无效，检验无显著差异；这在本质上是“弃真”，判断有误。

为了克服以上两种实验分组单独使用时可能产生的判断失误，张明立总结提出了“双重对照设计”的实验方法。即将实验对象随机分为两组，既有组间比较，又各以实验前为自身对照；重点在于进行两组间实验后差值的对比分析。这样可以获得更丰富的信息，准确地估计施加因素的效果。

4. 配对比较设计。为了在两组之间严格控制实验条件，进行对比实验，有时采用配对比较设计方法。即将抽出的实验样本逐一配成条件相似（相同）的对子，尽量减少样本的误差。配对的条件可参考有关受试样本的测试统计资料，并力求使定量资料更为客观（如年龄、身高、体重、训练年限、身体素质指标、专项成绩等）。配对的每对样本力求条件相同，但各对样本之间不可能都相同，允许存在一定差异。然后，将每对样本按随机原则各分配到两个组，达到两组人数相同，整体基本条件对等一致。然后，以其中一组为实验组，另一组为对照组，进行对比实验。

分组方法是：利用查阅随机数字表，查出同配对数相等的随机数字（如配有20对，就查出20个数字）。然后，将每一随机数作为每对对子中第一人（或第二人）的代号数，并看其是否为奇、偶数而进行随机选择。如某对对子中第一人为单数，则令其进入甲组，另一人就进入乙组；同理，如某对对子中第一人为双数，则令其进入乙组，另一人就进入甲组。如此逐一分配对子，配成人数相同、组间条件基本一致的两组，然后进行对比实验。

例如，在研究如何提高中考体育成绩的问题时，可以把一定数量的13—14岁的初中（初一—初三年级）学生分派到不同的实验组和对照组，为了确保各组学生之间的可比性，先从一群受试者开始，首先根据中考体育测试项目的变量分出学生的层级，然后把每一层级的学生配对分派到实验组和对照组。

5. 完全随机化设计。这种设计为单因素多水平的实验控制分组。其前提条件是所抽取的实验样本的条件与性状是基本相同的，受试的是同一施加因素的几种不同水平（如同样用杠铃进行力量练习，但有几种不同重量、次数、组别的水平区别）。首先将受试对象随机地（利用随机数字表抽号作为受试对象代号，并随机分组）分为若干组（3组或4组）；再对每个组的实验施加因素水平随机排列，分别进行相同施加因素的不同水平实验，最后将三组实验结果数据进行统计处理，检验差异情况。

分组方法是：先将所有受试对象按顺序编号（如01—30号），然后用随机数字表查出相同数量（如30个）的随机数字为每个编号的随机号。将查得的每一随机号数各除以分组数（如要分为3组，第一个随机号为33，则$33 \div 3 = 11$）；则可令商数的余数为0的进入A组，余数为1的进入B组，余数为2的进入C组（如前例第一随机号为33的受试者就进入A组）。如分完组各组人数不等，则从人数多的组内随机调一人到人数少的组，使其各组受试对象人数相等。

这种随机化分组比较设计实验结果的统计处理，如只有两组单因素、多水平实验，可用t检验法；如有三组以上，则用方差分析法。

另外，还有用于多组比较的多因素多水平的随机区组设计（实际是配对设计的扩大）和拉丁方设计（有两组或多组的多因素轮换实验的循环设计）。

（五）确定实验效应观测指标

实验的施加因素在受试样本上进行实验后，都假定要产生一定的效应。必须确定一些能反映这种效应水平的指标（项目）进行观测，这就是选定效应观测指标。这些指标对实验组与对照组是相同的，这样才能进行对比检验。实验中引起的效应可能是多种多样的，但观测指标要按照有效性、客观性、典型性与标准性的要求确定。

（六）明确观察测试的具体方法、技巧、步骤与要求

确定了观测指标（项目），还要明确规定在实验过程中获得这些指标的具体方法、手段与要求。即：每一项指标用什么方法（或仪器、工具）进行观察和测量。哪些指标主要是靠观察统计获取（一般是定性的计数指标），观察与统计的时机、地点、形式、次数、时间间隔等。哪些指标主要是靠观察测量获取的，观察测量的时机、次数、部位、测量手段、时间间隔等。各种指标的记录方法与规格，是两次性（即实验前、实验后）集中观测获取，还是实验中分阶段地（三次或五次）分别观测获取指标数据。甚至包括观察测量某些指标时观测人员的位置、仪器角度及操作程序等都要详细规定说明，以保证观察测量的准确性、规格化及实验结果的可靠性，尽量减少各种误差。

（七）实验有关的物质条件、环境仪器设备要求

凡实验中所需用的原材料要求；仪器设备、工具的规格、型号、精确度；自制仪器的设备构造示意图；对实验场地环境的特殊要求条件（如气温、风速、温度、噪声，甚至同时干扰等）都要说明，这也是控制实验条件、减少误差的重要因素。

（八）实验结果的统计处理方法

应根据实验分组设计的不同形式及研究的目的需要，选择合适的对实验结果的材料进行统计处理的方法。

（九）实验的组织与措施

对整个实验的进度安排、步骤、参加实验的人员、分工及规则、组织工作（如组织观察测试、仪器设备的携带回收、与对象的配合等）与措施等，都应做合理安排与计划。

实验设计完成后，可征求有关专家的意见，做适当修改，力求避免设计错误，提高实验科学性。然后，就可以实施实验了。实验过程中，原则上不随便改变实验设计内容，如遇某些情况可适当调整。

实验法研究案例一

无论是人还是动物，在日常生活中都要经常做曲线运动，比如开车转弯，在足球赛上迂回包抄，猎豹沿“之”形路线追捕羚羊。中国科学院上海生命科学研究院神经科学研究所顾勇研究组借助猕猴进行实验，他们发现了大脑感觉皮层中存在一类神经细胞，可能负责感知“曲线自身运动”，其论文发表在美国《细胞报告》杂志上。

个体在环境中的运动，有简单的直线运动，也有绕着身体中轴的旋转运动，但更多的是两者的结合，即“曲线自身运动”。人的内耳前庭系统中存在两个独立的探测器，其中耳石器负责探测直线运动，半规管负责探测旋转运动，但大脑是如何感知曲线运动的，以前一直是个谜。

为此，顾勇研究组让猕猴坐在一个运动平台上，然后通过预先植入猕猴大脑皮层的金属电极记录它们在直线运动、旋转运动与曲线运动这3种不同运动模式下的大脑神经细胞电脉冲活动。结果显示，猕猴大脑背侧内上颞区、腹侧内顶区和外侧裂后部视觉区中的三分之一的神经细胞，同时接受来自内耳前庭系统发出的直线运动和旋转运动信号，但这些细胞的电活动在曲线运动时最强烈，表明它们很可能负责感知曲线运动。

这些研究表明，由于猕猴大脑与人脑较为接近，这些神经机制可以直接推广到人脑，顾勇研究组在猕猴大脑中获得的神经生理学数据正好可以解释先前其他科学家在人身上观察到的对曲线运动感知的行为，这些数据为进一步了解人脑的工作机理提供了有用的帮助。

实验法研究案例二：童谣应用于小学一年级体育教学的研究

（一）前言

观察中发现，在低年级体育教学中，一年级的小学生经常会出现以下的问题：有的学生注意力分散，易走神，易疲劳；有的学生总是左右不分；有的学生理解能力差，对教师讲解的技术动作要领不能及时掌握等。其实，这些现象恰恰是低年级儿童身心发展阶段性特征的表现，体育教学中缺少趣味的动作要领讲解使孩子们听起来很吃力，理解起来更困难。为此，在体育课上，往往会利用一定量的强化训练让学生记住并掌握动作要领，但是，单一、重复的训练很容易引起学生疲劳，注意力分散，兴趣不高。然而，童谣具有内容浅显、通俗易懂、节奏明快、口语化、便于儿童吟诵等显著特点，这些特点与《体育与健康课程标准》中倡导的“让学生从活动中获得乐趣，促进学生身心发展，培养学生对体育运动的兴趣和爱好”是完全吻合的。因此，将童谣引进低年级体育教学中，既是体育教学的需要，也是儿童身心健康发展的需要。

本文的研究旨在通过实验研究，分析童谣在提高学生体育与健康知识学习和运动技能掌握等方面的作用，期望能为小学低年级体育教学童谣的运用提供参考与帮助。

（二）研究方法：实验法

1. 实验分组：将一年级的6个教学班分为2组，其中1、2、3班为实验组，在体育课上尽可能多地运用童谣进行教学，4、5、6班为对照组，按照以往的教学方法，课上不加入童谣的使用，教学内容以人民体育出版社出版的《体育与健康》一年级的教学内容为依据。

2. 实验时间：实验在2015年9—10月进行，一共6周24学时（小学一年级每周4学时）的体育课。

3. 实验效应与观测指标：

（1）对于体育与健康知识学习，编制成试卷，用试卷成绩检查学生的掌握情况，分析实验效果。

（2）对于运动技能学习，将1个半月内中学生所学的跳绳、跳远、50米跑这些体育教学项目进行测试，按照统一标准进行考核，对童谣在实验组与对照组使用的效果进行对比分析。

（三）研究结果与分析

1. 童谣在体育与健康知识学习中运用效果分析

体育教学中，实验组1、2、3班运用童谣进行教学，以童谣指导学生进行动作练习，对照组学习没有加入童谣的学习。为了评定童谣教学的效果，对6个班进行了试卷检测，对成绩进行对比分析。

见下述童谣：

（1）养成锻炼好习惯

课间操、眼保操，

部位准确动作齐。

爱运动、勤锻炼，

每天保证一小时。

有特长、敢挑战，

养成锻炼好习惯。

（2）坐

上课铃声响，

快速进课堂。

脚放平，身坐正，

眼睛看前方。

一二三坐端正，

眼睛跟着声音走。

（3）立

脚尖分开，

脚跟并拢，

两手贴紧，

挺胸抬头，

检查不动。

（4）行

抬起头眼看前，

臂摆直挺起胸，

精神抖擞，向前行。

（5）写字姿势

写字做到三个一，

一拳一尺和一寸。

头正身直臂展足安。

测验检查的结果显示，实验组与对照组在平均分上存在着5—8分的差距，实验组成绩均高于对照组，显著性检验$P<0.05$。说明将体育知识编成童谣，更易于学生识记，童谣的内容包含正确的坐立行姿势，读书写字姿势以及教育学生坚持锻炼、合理膳食等健康知识和一些自救自护、遵守社会公德方面的知识，内容丰富，可以使学生边说边做，边学边强化。在学习的过程中，省去了教师长篇大论的说教，引入学生更感兴趣的形式教授知识，符合一年级学生年龄特点，使以往枯燥的室内体育课变得活泼有趣。由此可见，将童谣应用于小学低年级学生体育知识的学习，调动了学生的学习兴趣，更重要的是，收到了非常不错的效果。

2. 童谣在运动技能学习中运用效果的分析

根据小学一年级体育教学内容的要求，一年级上学期除了基本的队列练习外，主要学习的内容是跑步、跳绳、立定跳远和原地掷沙包以及一些球类游戏。

见下述童谣：

（1）跳绳谣

花儿红，鸟儿叫，
小朋友们把绳跳。
两手握，绳两端，
由后向前将绳摇。
绳落前，双脚跳，
绳从脚下摇转过。
你也跳，我也跳，
一个挨着一个跳。
挺起胸，向上跳，
经常锻炼身体好。

结果显示，实验组一分钟跳绳平均个数为60个，按照小学生体能测试标准，基本达到良好水平，对照组平均个数为45个，处于及格水平，与实验组一分钟跳绳的平均个数差距达到15个，显著性检验$P<0.05$。实验组学习跳绳时用的童谣包含主要动作要领，简单易懂，指令性强，一句童谣指导一个动作，边说边做，效果很好。由此可见，童谣对于技术性强的运动项目学习，可以帮助学生取得很好的效果。

（2）立定跳远

双脚分开与肩宽，

小脚站在线后面。

一蹲二摆三起跳，

小脚前伸跟着地，

屈膝缓冲保平衡。

结果显示，实验组的立定跳远平均成绩为1.3米，按照小学生体能测试标准达到良好水平，对照组中有一个班的平均成绩达到良好水平，另外两个班还处于及格水平，与实验组之间最大差距达到0.3米，显著性检验$P<0.05$。立定跳远和跳绳同属于动作技术性较强的项目，实验组都取得了较好的测试成绩。由此可见，对于技术性强的运动项目，将动作要领编成童谣，用童谣教学，以要领指导动作，效果明显，实用性强。

（3）跑步歌

跑跑跑，向前跑，

脚开立，身前倾，

头放正，眼平视，

两手半握拳，

两臂成直角，

肩为轴，肘用力，

两臂前后摆，

用力向前跑！

结果显示，在50米测试中，实验组的平均成绩是11.4秒，对照组平均成绩在11.4秒到11.7秒之间，差距在0.3秒内，显著性检验$P>0.05$，说明实验组与对照组差异不显著。虽然实验组1、2、3班在学习跑步姿势时用到童谣，童谣中强调了跑步的正确姿势，身体各部位的动作要领，简单易记操作性强。对照组4、5、6班没有用到童谣，靠教师对动作要领的口头讲解，没有童谣的概括性和接受性强。但是，由于短跑成绩受学生身体素质影响，受步频、步幅、速度、爆发力、柔韧性、协调性等因素的影响，课堂上教授的童谣中只包含动作要领要求，并未涉及其他影响因素，所以实验组与对照组成绩对比差异不大。由此可见，童谣并不是在任何体育教学内容中都有显著作用的。

（四）结论

（1）在体育与健康知识的学习中，童谣可以激发学生的学习兴趣，童谣的指导性较强，效果比单纯教师讲解要好，学生在学习童谣的过程中记住了正确的坐立行走、读书、写字姿势，记住了一些正确的卫生保健知识，培养了良好的生活习惯。

（2）在运动技能学习中，将动作要领编成童谣，能够带领学生进入活动情境，指导学生按照童谣做动作，对于技术性强的技能，例如跳绳、跳远，效果显著。但对于体能要求高的技能，例如跑步，效果不是特别显著①。

① 古洪源.童谣应用于小学低年级体育教学的研究[D].北京：首都体育学院，2016.

附录1 学校体育工作开展情况调查问题与答案设计参考

尊敬的老师：

您好！推动学校体育工作健康持续发展是我们共同的心愿，为此，我们学生体质健康研究中心开展了此项调查，旨在从体育教师角度了解学校体育工作的开展情况。本次调查不涉及您个人的具体身份，我们保证调查结果仅做政策咨询和学术研究之用，恳请认真作答。

本问卷大约需要花费您10分钟左右的时间，对此我们表示歉意，并对您的支持表示诚挚的谢意，祝您工作愉快！

学生体质健康研究中心

填写说明：请在符合你校情况的答案前的“□”中划“√”，或者在横线上填写符合你校情况的内容。

学校的位置：________省/市________区（县）________镇（乡/街道）

学校的性质：□省（市）重点校 □县（区）重点校 □一般学校

学校的法人性质：□公办学校 □私立学校

学校的层级：□小学 □初中 □高中 □完中

1.您所在学校是否设立了由校级领导牵头的学校体育工作领导小组？

□是 □否（选择“否”请跳过第2题，从第3题开始作答。）

2.学校体育工作领导小组中牵头的校级领导是

□校长 □副校长 □其他（请填写）

3.校长对待学校体育工作的态度是

□非常重视　□比较重视　□一般　□不太重视　□不重视

4.学校领导在以下体育工作中做得如何？

问题	完全符合	比较符合	不能确定	不太符合	完全不符
（1）按要求配齐体育教师	□	□	□	□	□
（2）按要求配齐体育器材	□	□	□	□	□
（3）力保体育课不受挤占	□	□	□	□	□
（4）力保学生体质测试严格执行	□	□	□	□	□
（5）力保学生每天锻炼1小时严格执行	□	□	□	□	□
（6）力保体育教师待遇与其他科教师一致	□	□	□	□	□
（7）力保学校体育工作经费落实到位	□	□	□	□	□

5.学校按要求需要体育教师的人数是________人，实际体育教师人数是________人，其中兼职体育教师的人数是________人。

6.近1年内，学校体育教师接受培训（国培、省培、其他）的人数是________人。

7.实际工作中，学生每天锻炼1小时的执行情况是

□执行得非常好　□执行得比较好　□执行得一般　□执行得不好

8.周六、日期间，学校体育场地向本校学生免费开放的情况是

□全天候免费开放　□规定时间段免费开放　□不免费开放

9.节假日期间，学校体育场地向本校学生免费开放的情况是

□全天候免费开放　□规定时间段免费开放　□不免费开放

10.学校体育场地满足学校日常体育工作（体育课、课外体育锻炼）的情况是

□完全满足　　□基本满足　　□一般　　□不能满足

11.学校体育器材满足学校日常体育工作（体育课、课外体育锻炼）的情况是

□完全满足　　□基本满足　　□一般　　□不能满足

12.学校每周开设体育课的节数是（40—45分钟为一节，60—90分钟的大课算两节）

□1　　□2　　□3　　□4　　□5

13.体育课因各种原因（天气、被挤占等）不能正常开课的比例是

□低于5%　□5%—10%　□11%—15%　□16%—20%　□20%及以上

不能正常开课的主要原因是（多选）

□体育教师数量不足　□场地不足　□被其他学科挤占　□其他

14.学校每周面向全体学生开展大课间体育活动的次数是

□1　　□2　　□3　　□4　　□5　　□0（选择0跳过15题）

15.每次大课间活动的持续时间是

□15分钟　□20分钟　□25分钟　□30分钟　□35分钟及以上

16.近1年内，学校是否开展了学生体质测试?

□是　　□不清楚　　□否　（选择“是”请继续回答以下题目）

17.学生体质测试过程的规范情况是

□非常规范　　□基本规范　　□一般　　□不规范

18.你对最近1次学生体质测试上报数据准确性的判断是

□完全符合实际　　□有一定的“水分”　　□有较大的“水分”

再次感谢您的认真作答，祝您工作愉快!

附录 2　本科毕业论文写作规范

一、毕业论文式样结构

毕业论文的式样结构一般包括：毕业论文封面、毕业论文题目、摘要与关键词、毕业论文英文标题、英文摘要与关键词、目录、前言、正文、结论、致谢、主要参考文献、注释、附录。

二、论文撰写格式要求

（一）封面

封面采用统一的“本科毕业论文”封面。

（二）毕业论文题目

论文题目要准确地表达论文的特定内容，恰如其分地反映研究的范围和研究深度。中文标题一般在20字以内，在论文的首页。

（三）摘要与关键词

摘要是对论文内容的准确概括，应尽量反映论文的主要信息，内容包括研究目的、方法、成果和结论。中文摘要篇幅以300字左右为宜，为不加注释或评论的简短陈述。

关键词是反映毕业论文主题内容的名词，选用3—4个，每个关键词之间用逗号隔开，最后一个关键词后不使用句号。关键词排在摘要下方。

中文摘要与关键词，在论文的第1页。

（四）英文标题、英文摘要和关键词

1. 毕业论文英文标题

毕业论文题目以短语形式译成英文标题，一般由10个左右的单词组成。

2. 英文摘要（Abstract）

毕业论文应附有英文摘要，以不少于500印刷字符为宜，应采用第三人称表达句，谓语动词尽量用现在时或过去时主动语态，并注意转行规则。

3. 关键词（Key words）

英文摘要后应附英文关键词3—4个。每个关键词之间用逗号隔开，最后一个关键词后不使用句号。

4. 英文摘要和关键词应与中文摘要和关键词相对应。

5. 毕业论文英文标题、英文摘要（Abstract）和关键词（Key words）在论文的第2页。

（五）毕业论文目录

毕业论文目录要包括三级标题，层次分明，页号清楚。分层标题应简短明确，各层次序号一律用阿拉伯数字连续编号。如“1”“2.1”“3.1.2”。

毕业论文目录在论文的第3页。

（六）标题

各层次标题序号亦用阿拉伯数字连续编号，例如“1”“2.1”“3.1.2”等。各层次标题的序号均左顶格编排，后空一个字长，然后接着写标题（论文正文各层次标题亦同此要求）。

（七）前言

前言简要地说明毕业论文的意义、选题依据、研究目的、研究范围、前人研究情况及其与本论文的关系。

（八）毕业论文正文

正文是论文的主体，是论文的核心。要阐明研究的方法与结果、主要论点、文献引证、依据材料和问题的分析。要实事求是，准确无误，层次分明，合乎逻辑，简练可读。具体要求如下：

1. 文字

论文中汉字应采用《简化汉字总表》规定的简化字，并严格执行汉字的规范化。所有文字字面清晰，不得涂改。

2. 表

论文的表序应连续编号。表的结构应简洁，采用三线表，必要时可加辅助线。表中各栏都应标注量和相应的单位。表内数字须上下对齐。相邻栏内的数字或内容相同时，不能用“同上”“同左”和其他类似用词，应重复标注。表内“空白”代表未测或无此项。

3. 图

图要精选，注意不与文字和表重复。多图图序应连续编号；仅有一图，则在图题前加“附图”字样。插图以及图中文字符号一律用墨笔或钢笔绘制和标出。最大的图一般不超过16开的版心（14.5厘米×21.5厘米）。

4. 公式

论文中重要的或后文中须重新提及的公式，一律用阿拉伯数字连续编排号，序号加圆括号，排在版心右侧。

5. 数字用法

公历世纪、年代、年、月、日、时刻和各种计数与计量，均用阿拉伯数字。年份不能简写，如1993年不能写成93年。数值的有效数字应全部写出，如“0.500，1.750”不能写作“0.5，2”。用数字作为词素构成定型的词、词组、惯用语、缩略语、清朝以前（含清朝）以及非公历的历史纪年要用汉字。邻近两个数字并列连用所表示的概数，均使用汉字数字。表示概数时，数字间不加顿号，如五六吨、十六七岁等。

（九）结论

结论是论文的主要结果、论点的总体概括，是论文的精华。扼要归纳论文内容，应准确、简明、完整、有条理。不可含糊其词，模棱两可。在写作格式上，每一项内容可以分条标出序号，也可以每一条单独成段，由一句话或几句话组成，结论以文字表达为主，但应包括必要的数据。需要时，可以在结论后提出建议、设想、改进的意见或待解决的问题。

（十）致谢

致谢是作者对其他特别需要感谢的组织或个人表示谢意的文字，通常置于文末，与正文相隔一行。

（十一）主要参考文献

为了反映论文的科学依据和作者尊重他人研究成果的严肃态度，同时向读者提供有关信息的出处，正文之后要刊出主要参考文献。列出的参考文献只限于那些作者亲自阅读过的、最主要的且发表在公开出版物上的文献或网上下载的资料。私人通信和未发表的著作，不宜作为参考文献著录。论文中被引用的参考文献序号用方括号括起，根据文献引用方式置于行文之中或所指引部分的右上角。

参考文献表的著录按论文中引用顺序排列，序号用阿拉伯数字标注，不加任何标点符号。参考文献要注明所用资料的原文版作者名、书名、出版商、出版年月，中间用“.”隔开，每条著述结尾处不加标点。

（十二）注释

采用本学科的学术规范，提倡使用脚注，尾注也可。论文所有引用的中外文资料都要注明出处，中外文注释要注明所用资料的原文版作者名、书名、出版商、出版年月、页码。

（十三）附录

对论文中有关问题做必要的解释和说明。

（十四）字体要求

毕业论文统一使用A4复印纸打印；上下边距均为2.5厘米，左右边距均为2.5厘米。

论文题目采用宋体三号字加粗，第一层标题采用宋体四号字加粗，其他层次的标题和文章采用宋体小四号字。单倍行间距。

附录3 本科毕业论文评分标准一览表

分数	评价内容		评价主题	权重
20	01	目标任务	符合培养目标，体现学科、专业特点和专业培养方案中对能力知识结构的基本要求，达到本科毕业论文综合训练的目的	7
	02	意义价值	结合本学科的理论发展，具有一定的研究意义和实际价值	7
	03	选题	题目贴切，有较强科学性；难易度适中；题目表述得当。	6
40	04	查阅资料	能独立查阅相关文献资料，归纳总结本研究领域的有关科学成果	7
	05	综合动用知识	能运用所学专业知识分析论述有关问题；能对所获得的资料进行分析整理并适当运用；概念清楚，能以恰当的论据对科学论点进行有说服力的论证	10
	06	研究设计	本科毕业论文设计整体思路清晰；结构合理，研究方案完整	9
	07	研究方法和手段	能较熟练地运用本学科科学研究方法；能适当运用相关研究手段（如计算机、实验仪器设备等）进行资料搜集、加工、处理，并进行论文写作	10
	08	外语应用	能按学校规定结合本科毕业论文写作，阅读、翻译一定量的本专业外文资料，有外文摘要	4

续表

分数	评价内容		评价主题	权重
30	09	文题相符	本科毕业论文较完整地回答了题目所设定的有关问题	5
	10	写作水平	论点鲜明；观点正确；论据充分；论证有力，条理分明；语言流畅，书写工整	8
30	11	写作规范	符合科学论文的基本要求。本科毕业论文中的用语、格式、图表、数据、各种资料的运用及引用符合规范要求与标准	4
	12	篇幅	一般不少于5000字	4
	13	成果的理论与初步价值	在理论上具有新意；应用性研究对于实际工作具有一定意义	9
10	14	报告	本科毕业论文报告清楚、简练，能全面反映研究的中心内容	5
	15	答辩	本科毕业论文答辩简洁、明了，能回答答辩专家所提出的有关问题	5

参考文献

[1]程硕，邱丽玲.助推中小学体育教师专业发展的小专题研究[J].体育教学，2018（7）：36—37.

[2]杜俊娟.激情四射的腰旗橄榄球运动[J].体育教学，2010（3）：63—64.

[3]杜俊娟.首都学校体育现代化研究.首都体育现代化综合研究——子课题研究报告[M].北京：北京体育大学出版社，2009：61—86.

[4]杜俊娟，刘越超.中小学体育教学中合作学习的应用研究.中国学校体育热点问题研究报告[M].北京：化学工业出版社，2016：230—255.

[5]程硕.拓展训练对大学生心理健康和社会适应能力影响的研究[D].北京：首都体育学院，2007.

[6]古洪源.童谣应用于小学低年级体育教学的研究[D].北京：首都体育学院，2016.